U1016983

当代国际法上自决权的新发展

赵理智　著

世界知识出版社

北京·2023

图书在版编目(CIP)数据

当代国际法上自决权的新发展 / 赵理智著. -- 北京: 世界知识出版社, 2023.4

ISBN 978-7-5012-6528-2

Ⅰ.①当… Ⅱ.①赵… Ⅲ.①国际法—研究 Ⅳ.①D99

中国国家版本馆CIP数据核字（2023）第049704号

责任编辑 蒋少荣
责任出版 赵 玥
责任校对 张 琨

书 名 当代国际法上自决权的新发展
Dangdai Guojifa Shang Zijuequan de Xinfazhan
作 者 赵理智

出版发行 世界知识出版社
地址邮编 北京市东城区干面胡同51号（100010）
网 址 www.ishizhi.cn
电 话 010-65265923（发行） 010-85119023（邮购）
经 销 新华书店
印 刷 北京虎彩文化传播有限公司
开本印张 889毫米×1194毫米 1/16 17¼印张
字 数 175千字
版次印次 2023年4月第一版 2023年4月第一次印刷
标准书号 ISBN 978-7-5012-6528-2
定 价 78.00元

版权所有 侵权必究

序　言

人民自决权，是当代国际法发展的重要成果。从国际关系来看，第二次世界大战后，各殖民地人民以人民自决权为法理武器，建立了众多新独立国家，使国际政治秩序的格局发生了重大变化。然而，自决权也已成为当前国际法上最复杂、最具争议的议题之一，不同立场的国际法学人围绕后非殖民化时期的自决权内涵产生了巨大的分歧。

本人 20 多年前的拙作《国际法上的自决》已经就上述问题做了些许探讨。几年前，作为我的博士研究生，理智在论文开题之前就敞开心扉地告诉我，他想要在这本书研究的基础上再稍微前进一步。让我欣慰的是，他的论文写得很好，对“后非殖民化时期的自决”这一议题做了深入的发掘，具有一定的启发性。《当代国际法上自决权的新发展》就是理智在这篇博士论文基础上反复修订而成的。我很高兴应理智的邀请为这本即将面世的新书作序，简单地为本书说几段话。

首先，我认为本书有以下三个亮点。

其一，作者与时俱进，对“内部自决”理论的起源与相关的国际法证据做了较为全面的回顾与分析。通过作者的论述，我们发现，经过几十年的演进，“内部自决权”在一定程度上已经被国际社会所接受，关于其适用范围与适用方式的争辩框架也逐渐明晰。其中令我印象尤为深刻的是，20多年前我还深表怀疑的“土著人民自决权”，今天已经几乎触碰到了实然国际法的门槛，而本书敏锐地抓住这一点做了重点分析。

其二，作者十分注重理论与实践的联系。比如，作者首次通过国际人权条约机构的个案研究，为我们揭示出这样一个事实：国际法上自决权概念趋于多元化甚至模糊化，与不同国家通过提交履约报告所展示的关于自决问题的各种不同立场有关，而在相关领域本应具有一定权威性的人权条约机构对此却态度相对暧昧，从而令人更加困惑；但另一方面，这种暧昧的态度也恰恰说明，后非殖民化时期自决权主体和内容的延伸很难取得国际共识，从而进一步证明了我先前的观点：只有殖民地人民的自决权在习惯国际法上具有明确而稳固的地位。再如，作者通过研究人权公约执行机制及回顾非殖民化运动的重要历史节点，对“香港自决”论做了有力的驳斥，对相关实务工作具有较高的参考价值。

其三，作者对与自决权相关的国际法文书的研究具有一定的新意。特别值得肯定的是，作者结合历史背景，通过对《世界人权宣言》谈判和起草的准备资料的研究，初步解答了这一历史性的文件为何没有包含自决权条款这一问题。这也是我 20 年前的著作中未有触及的一个盲点，对此我感到特别欣慰。

当然，本书的行文与论述并非完美无缺。比如，作者在对部分案例进行评述时，注意到国际司法机构对自决权的适用似乎并不总能在法律效果与政治效果之间取得平衡。我个人认为，不论是“法律效果”还是“政治效果”，都是比较主观的概念，如何去做比较公允的价值判断取决于诸多复杂的因素，很难一言以蔽之，作者在这方面的一些结论性意见仍有待商榷。

是为序。

白桂梅

2021 年 11 月 28 日

目录 CONTENTS

导 论

人民自决权（right of peoples to self-determination，或译为“民族自决权”）是第二次世界大战后国际法发展史上最重要的成果之一。历史上，“自决”的概念最早可以追溯到西方启蒙运动时期，它产生后深刻影响了之后数个世纪的历次资产阶级与无产阶级民主革命。自第一次世界大战结束以来，自决更是逐渐成为当代国际社会最重要的推动力量之一。第二次世界大战结束后，自决原则通过《联合国宪章》《给予殖民地国家和人民独立宣言》等国际法律纲领性文件获得了国际社会的广泛认同，成为非殖民化运动的法理支柱，无可争议地取得了在习惯国际法上的地位。而随着 1966 年两大核心国际人权公约，即《公民及政治权利国际公约》[①]

① 《公民及政治权利国际公约》（International Covenant on Civil and Political Rights），又称《公民及政治权利国际盟约》《公民权利和政治权利国际公约》等，本书大部分情况下统一使用《公民及政治权利国际公约》，个别处尊重原来源使用其他表述方式。

与《经济社会文化权利国际公约》[①]（二者并列时可简称为“人权两公约”）的缔结与生效，人民自决权正式成为一项重要的集体人权。然而，随着非殖民化运动的高潮退去，围绕自决产生的争论和冲突也愈演愈烈。自决权理论与实践的发展，主要受以下三方面因素的影响。

第一，非殖民化运动基本告一段落后，在国际法学界出现了“外部自决”（external self-determination）与“内部自决”（internal self-determination）的两分法主张，前者指的是殖民地人民或受压迫人民通过民族解放运动成立新独立国家的斗争，后者则着眼于一国内部人民面对本国政府决定自身政治、经济和文化地位的行为。“内部自决”的兴起，在很大程度上反映了其他人权对自决体系整体构成的冲击。早在自决原则确立之初，自决权即与少数者权利有所混淆，许多少数者群体的自决权诉求使得《公民及政治权利国际公约》第1条（自决权）与第27条（少数者个人权利）的相关概念时常混淆不清，同样的困境也反映在《公民及政治权利国际公约》第25条（公民参与公共事务的权利）与自决权之间千丝万缕的联系上。冷战结束前后，许多西方国际法学人鼓吹人民享有选举民主政府的权利，声称“民主权利”

---

① 《经济社会文化权利国际公约》（International Covenant on Economic, Social and Cultural Rights），又称《经济社会文化权利国际盟约》《经济、社会及文化权利国际公约》《经济、社会和文化权利国际公约》，本书大部分情况下统一使用《经济社会文化权利国际公约》，个别处尊重原来源使用其他表述方式。

是“内部自决权”的重要内容。这两点虽早已引起《公民及政治权利国际公约》的实施监督机构联合国人权事务委员会的注意，其也已试图通过对部分个人来文案件的处理及发表一般性意见的方式对此做出澄清，但此举似乎并未引起相关各方足够的重视，且委员会本身的立场也并非一贯明确。这一困惑在冷战结束后“人权两公约”诸多缔约国的报告中得到了体现。

第二，受 20 世纪末苏联和南斯拉夫解体的影响，冷战结束后世界各地的民族分离运动达到了一个小高潮，就连不少西方国家内部的民族分离倾向也在日渐增长，如魁北克之于加拿大，苏格兰之于英国，加泰罗尼亚之于西班牙等。打着“自决”旗号的民族分离主义对事关主权国家核心利益的领土完整原则造成了严重的冲击。在此背景下，一些学者主张有限的、表面上不以破坏主权完整性为目的的“内部自决”（如“自治”“自主”等形式），这对规避领土分裂的风险具有重要意义。这是冷战后“内部自决”理论兴起和发展的一个重要原因。也有一些国际法学人鼓吹所谓救济性分离权，主张国内部分人民的“内部自决权”在遭遇极端情况下可转化为“外部自决权”，公开为某些民族分离行为辩护。另外，非殖民化运动中至今未决的历史遗留问题，仍在继续给国际社会的和平与安全及国际法的规范性与完整性带来挑战。

第三，冷战后土著人民的权利得到国际社会越来越多的重视，关于土著人民自决权的问题也在学界引发了持续性的热议。2007年联合国《土著人民权利宣言》的通过，标志着土著人民享有自决权在原则上得到了国际社会的承认。由于《土著人民权利宣言》明确将土著人民自决权行使的地理范围限定在相关人民群体所在国及其部族领地之内，这种自决权的行使方式很明显地有别于非殖民化语境下的民族独立运动。此外，通过对2007年以后《公民及政治权利国际公约》和《经济社会文化权利国际公约》国家报告的观察，绝大多数承认境内存在土著人民的缔约国均对保障其行使自决权做出了承诺。上述实践表明，“内部自决权”很有可能通过逐渐发展的土著人民权利保护承诺与机制实现从应然法向实然法的转化。

总之，国际法上的自决权发展到今天，已经在一定程度上突破了非殖民化的语境，尤其是关于“内部自决权”的争议，已然对现行的国际法体系构成了新的挑战。笔者认为，对国际法上自决权的新发展加以研究，具有重要的理论与实践价值。本书将在综合考量各方面因素的前提下，从国际法以及国际人权法基本理论和实践出发，回顾国际法上自决权的发展轨迹，并重点对国际法学人们围绕“后非殖民化时代”自决权的探讨与博弈进行批判性的分析。

本书主体部分分为五章。

第一章“自决的历史、理论和国际法渊源”将在总结前人研究的基础上，简单回顾自决的演进历史，重点分析国际法上自决权的法律渊源。本章分析的一大要旨在于明确地将国际法上的自决原则与国际法人权法上的人民自决权加以区分。

第二章“国际人权公约机制下的自决权实践观察”将对以《公民及政治权利国际公约》和《经济社会文化权利国际公约》实施机制为代表的国际人权保护机制下的国家、国际组织以及其他区域性人权机构的各类实践进行归纳、分析和总结，发现和梳理国际社会对人民自决权内涵理解的发展脉络，以期对自决的法律渊源做更加细致的辨析。本书承认后非殖民化时期国际法上自决内涵的延伸是客观存在的。本章的论述是第三、四章对“内部自决”含义和范围进行具体辨析的基础，亦有助于最后一章中借用“国家实践—法律确信”的传统习惯法确认方法对作为集体人权的自决权（特别是“内部自决权”）概念的习惯国际法规则可能的演变脉络所做的探讨。

第三章“自决的权利主体”将对所有可能的自决权持有者（一国之全体人民、一国内部自治领土上的人民、土著人民、少数者群体与少数民族）一一进行辨析。

以第三章的论证为基点，作者将结合非殖民化运动结束后与自决相关的热点个案，包括与我国自身利益密切相关的问题，在第四章“自决的内容、形式、手段与限制：理论与案例”中对当今各种情形下实现自决权的形式和手段（包括政治和经济、社会、文化层面）以及其限制性或禁止性因素进行探讨，最后对时下国际社会最为关注的若干与自决问题紧密相关的典型案例进行较为全面的回顾与分析，引导读者辩证地看待理论与实践之间的差别。

第五章“自决权的发展对当前国际法体系的影响”将通过对几个与自决权密切相关的重要理论问题的探讨，对自决权的演进对现行国际法体系所造成的冲击及其效应进行分析，尝试对自决权的强行法和习惯法地位、性质可能的发展趋势进行预测，但最重要的是对与自决有关的实然法和应然法加以区分。

作者清楚地认识到，本书所涉及的不少理论和实践所带来的争议，绝非短期内能够在学界达成共识，必须根据实践的不断深化发展进行持续、深入而细致的长期研究。限于所学书中难免有不妥之处，欢迎读者指正。

第一章 自决的历史、理论和国际法渊源

政治哲学领域的“自决”概念深刻地根植于西方传统自由主义思想的核心理念——“自由”，其自启蒙运动时期便深度影响了西方资产阶级民族民主革命与文化演进。自决真正在现代国际法上占据一席之地，则是被广大殖民地人民作为思想和法理武器反对帝国主义列强压迫剥削的结果。总体而言，冷战期间以非殖民化为主要内核的自决原则，与西方传统语境中的“自决”产生了一定距离。然而，当作为国际法新基本原则的自决完成“人权化”转型后，非殖民化似乎又不足以一力承担诠释集体人权全部内涵的重任，这使得西式自由主义思潮有机会重新介入后非殖民化时期自决权意义的重构。这一复杂的历史进程，在国际造法活动中留下了深刻的印记。

一、自决的历史沿革与发展

（一）自决的早期思想和学说

当今学界一般认为，自决思想的起源可上溯至启蒙运动时期。在托马斯·霍布斯（Thomas Hobbes）、约翰·洛克（John Locke）与让-雅克·卢梭（Jean-Jacques Rousseau）等具有代表性的启蒙思想家的著述中，都依稀可见自决思想的萌芽。霍布斯认为，“很少有人如此的愚蠢以至于不愿自己管理自己而愿意受他人统治”；[①] 洛克和卢梭的社会契约论也强调社会大多数人的“合意”，认为主权者的意志也必须是这种“合意”的体现。[②] 可以说，这些理论既是东西方历次资产阶级与无产阶级民主革命的理论来源，也为后世人民自决（包括“外部自决”与“内部自决”）的概念形成奠定了思想基础。

除此之外，许多学者认为当代自决思想起源与最初演进的集大成者可归属于德国古典哲学的创始人伊曼努尔·康德（Immanuel Kant）。康德认为，国家是由人组成的社会，因此除了它自己以外任何第三方都没有统治或处置其命运的权利；任何“道德的自然人”（moral person）都不能假

---

① See Frank Przetacznik, “The Basic Collective Human Right to Self-Determination of Peoples and Nations as a Prerequisite for Peace,” *New York Law School Journal of Human Rights* 8 (1990) 49-109, p. 56.

② 张乃根：《西方法哲学史纲》，中国政法大学出版社，1993，第104—105页。

“馈赠”（as a gift）之名通过吞并毁灭一个国家的存在。[①] 英国国际法学者菲利普·阿洛特（Philip Allott）教授总结道，如果说霍布斯、洛克和卢梭等人的主张标志着“社会意识”（social consciousness）的诞生，康德、费希特（Johann Gottlieb Fichte）、黑格尔（Georg Wilhelm Friedrich Hegel）等德国古典哲学的代表人物则将之发展到了一个新的高度，即社会、民族和国家意识的三位一体（triad）。具体来说，社会意识的觉醒包含着这样一种理念：自然生发的社会（society）通过民族（nation）的形成被赋予了强烈的自我意识，随后其便通过依法建立的国家（state）形式使自己的存在具象化。[②] 显而易见，这些理论是西方“民族国家”理念的根基之所在，更与“一国整个人民的自决”[③]存在着密切的联系。

一般来说，自决这个概念在国际法学说上起源和成熟得相对较晚。虽然早期的国际法学者几乎从未明确使用过“自决”这样的措辞，但值得注意的是，由于国际法上的自决概念与当代国际法的另一基本准则不干涉原则之间存在着天然的联系，可以认为早期倡导不干涉原则的国际法学者或多或少都接触到了自决的皮毛。然而，自决与不干涉又绝

① See Immanuel Kant, “Toward Perpetual Peace,” in *The Liberal Tradition in European Thought*, ed. David Sidorsky (Putnam, 1970), p. 297.

② See Phillip Allott, “Self-Determination – Absolute Right or Social Poetry?” in *Modern Law of Self-Determination,* ed. Christian Tomuschat (Martinus Nijhoff, 1993), p. 194.

③ 白桂梅：《国际法上的自决》，中国华侨出版社，1999，第 3 页。

不是完全等同的两个概念。《威斯特伐利亚和约》所奠定的以主权者为主体的国际法体系，从一开始就带有帝国主义和民族主义的双重色彩：一方面，不干涉原则作为欧洲各国主权者巩固既有国际秩序和维护自身利益的工具逐渐得到强化，甚至逐渐成为现代国际法的基石之一；另一方面，启蒙运动的方兴未艾使君权神授的思想不断受到挑战，被压迫民族的独立自主意识也日益高涨，民族主义与民主主义思想相互交织，这就不可避免地产生了自决的萌芽。①

正是因为自决与不干涉原则之间的这种千丝万缕的联系，被不少学者认为是不干涉原则最早提出者的瑞士法学家瓦泰尔（Emer de Vattel）关于不干涉原则的阐释就格外引人注意了。在1758年发表的代表作《国际法，或适用于各国和各主权者的行为与事务的自然法原则》（*Le droit des gens, ou Principes de la loi naturelle appliqués à la Conduite et aux affaires des nations et des souverains*）②中，瓦泰尔认为，不干涉是国家主权和独立的必然要求。他说："很明显，各国的自由和独立使得其有权选择它认为合适的自我治理方式，而且其没有哪怕一丁点的权利干涉他国政府……外国不能

---

① See Martin Griffiths, "Self-Determination, International Society and World Order," *Macquarie Law Journal*, 3 (2003) 29-49, p. 32.

② 也可简称为《国际法》（Le droit des gens）。笔者所参阅的版本为：E. de Vattel, *The Law of Nations, or the Principles of Natural Law Applied to the Conduct and to the Affairs of Nations and of Sovereigns (1758)*, translated by Charles G. Fenwick (Carnegie Institution of Washington, 1916)。

质询一个主权者的统治方式，或者使自己成为该国行为的法官，或者强迫该国就其施政做任何的改变。”[①] 然而接下来，瓦泰尔很快话锋一转，“但是，倘若某位主权者违反了基本法律，这就给予了其臣民反抗他的合法理由；倘若其不受支持的暴政激起了全国性的反叛行为，任何外国都有权对请求支援的受压迫人民提供援助”。[②] 从瓦泰尔的这一观点可以看出，他明显受到了洛克、卢梭等启蒙思想家社会契约和民主革命思想的影响，并试图赋予其国际法上的合法性。有学者认为这说明瓦泰尔对不干涉原则的贯彻并不彻底，[③] 但笔者认为个中意义不止如此。瓦泰尔在《国际法》中对不干涉政策的阐释，其实恰恰在某种程度上已经触及了当代国际法上自决原则与自决权的两大方面：（1）人民不受干涉地自由决定其政治地位的权利；（2）人民争取自决权时争取外部援助的权利以及外国提供这种援助的权利。当然，瓦泰尔的上述理念对当代自决理论和实践的影响也是极其复杂的。关于这种复杂性究竟与本书所要讨论的命题之间有何联系，笔者还将在后文中加以阐述。

---

① E. de Vattel, *The Law of Nations,* p. 131.

② E. de Vattel, *The Law of Nations,* p. 131.

③ 陈一峰：《论当代国际法上的不干涉原则》，北京大学出版社，2013，第20页。

（二）自决的历史根源与实践：资产阶级革命、非殖民化和人民自决权

早在北美独立战争时期，为了赋予殖民地人民争取独立的合理性与合法性，革命领袖托马斯·杰斐逊（Thomas Jefferson）等人以洛克等启蒙思想家的理论为依托，在1776年《独立宣言》中就已经表明了自决的思想："人人生而平等，造物主赋予他们若干不可让与的权利，其中包括生存权、自由权和追求幸福的权利。为了保障这些权利，人们才在他们中间建立政府，而政府的正当权利，则是经被统治者同意授予的。任何形式的政府一旦对这些目标的实现起破坏作用时，人民便有权予以更换或废除，以建立一个新的政府。"① 在自决精神的鼓舞下，北美13个殖民地人民英勇作战，最终摆脱了英国的殖民统治，建立了一个统一的新国家——美利坚合众国。1789年，法国大革命爆发，在《人权宣言》的影响下，1790年，自决首先作为一项决定领土地位的标准被法兰西革命政府提出，并直接影响了自1958年生效至今的法兰西第五共和国宪法第53条第3款："领土的转让、交换或兼并，非经有关居民的同意不得有效。"② 北美独立战争和法国大革命所传播的民主和民族思想，对后来广大被

---

① 《美国独立日：美国独立宣言全文（双语）》，中国日报网，http://language.chinadaily.com.cn/trans/2012-07/05/content_15550582.htm，2012年7月5日。

② 董云虎、刘武萍编《世界人权约法总览》，四川人民出版社，1990，第296页；"French Constitution of October 4, 1958 (as amended up to July 23, 2008)," http://www.wipo.int/wipolex/zh/text.jsp?file_id=179092。

压迫民族自决意识的萌发和非殖民化斗争的兴起都产生了极其深远的影响。“自决”虽然在当时仅仅是一项没有明确命名的抽象原则，但其对后世人民自决权概念的发展的重要性却几乎是得到公认的。

19 世纪末 20 世纪初，“国家民族主义”的思潮在欧洲造成了极大影响，这一理论的鼓吹者认为，各民族都有权建立独立国家，只有民族统一的国家才是合法的。[①] 为了适应当时形势的需要，社会主义与资本主义阵营的代表人物都对“民族自决”原则做了理论阐述。1914 年，列宁在深入分析当时的背景条件后，在《论民族自决权》中对马克思主义的“自决观”做出了如下阐释：“所谓民族自决，就是民族脱离异族集合体的国家分离，就是成为独立的民族国家……从历史—经济的观点来看，马克思主义者的纲领中所谈的‘民族自决’，除了政治自决，即国家独立、建立民族国家以外，不能有什么别的意义。”[②]1916 年，他在《社会主义革命和民族自决权（提纲）》中又指出：“社会主义取得胜利以后，必须实行完全的民主，因此，不但要使各民族完全平等，而且要实现被压迫民族的自决权，也就是政治上的自由分离权。”[③] 可见，列宁所阐述

① 白桂梅：《国际法上的自决》，第 7 页。

② 《列宁全集》（中文版），人民出版社，1958，第 20 卷，第 397、400 页。

③ 列宁：《社会主义革命和民族自决权（提纲）》，中文马克思主义文库网，https://www.marxists.org/chinese/lenin/marxist.org-chinese-lenin-191601-02.htm。

的马克思主义民族自决权观，正是后来非殖民化运动的思想基础，而作为自决权核心要素的“分离权”更是被写入了后来的苏联宪法。几乎在同时，时任美国总统伍德罗·威尔逊（Thomas Woodrow Wilson）也在一系列演说中竭力阐释他自己的“民族自决”思想。1917年，威尔逊在参议院发表了题为《没有胜利的和平》的演讲，宣称：“任何国家都不应寻求将它自己的政体扩张至其他任何国家或民族，而所有民族都应当有决定它自己的政体和发展道路的自由。”①这句话当中包含的不干涉与自决思想可谓一目了然。一年后，他又正式抛出了反映其一战后世界秩序基本理念的著名的“十四点原则”，其中第六、七、八、十、十一、十二、十三点都涉及自决的问题，②“十四点原则”成为人们所熟知的将自决与威尔逊的名字联系在一起的标志性文件。与列宁不同，威尔逊是从典型的西方自由主义民主的观点阐释他的自决观的。尽管“十四点原则”及威尔逊的其他讲话或文件中涉及自决的事例事实上绝大多数也和“分离权”有关，但他并不像列宁那样强调受压迫民族独立建国之于自决的核心意义，而喜欢用“自治”（self-government）、

① See Woodrow Wilson, “Peace without Victory,” January 22, 1917, http://www.digitalhistory.uh.edu/disp_textbook.cfm?smtID=3&psid=3898.

② See Yale Law School, “President Woodrow Wilson’s Fourteen Points,” http://avalon.law.yale.edu/20th_century/wilson14.asp.

“自主”（autonomous）等概念强调“自由选择”的重要性。[①] 事实证明，在当时历史背景下，列宁和威尔逊的自决思想都产生了广泛而深远的影响，在很大程度上都为当代国际法上的自决理论奠定了基础。

第二次世界大战后，在世界广大爱好和平的人民呼吁下，自决正式作为一项国际法基本原则被写入了《联合国宪章》。随后，1960 年联合国大会第 1514 号决议通过的《给予殖民地国家和人民独立宣言》（以及随后通过的第 1541 号决议）和 1970 年联大第 2625 号决议通过的《关于各国依联合国宪章建立友好关系及合作之国际法原则之宣言》（简称《国际法原则宣言》）都再次确认了该原则。与此同时，在社会主义阵营和广大第三世界国家发挥重要作用的情况下，《公民及政治权利国际公约》及《经济社会文化权利国际公约》完成了谈判、起草和生效。“人权两公约”将人民自决权写入了它们共同的第 1 条当中，正式使较为笼统的自决原则转化成了具有可操作性的“自决权”，成为一项国际社会公认的、与所有人民息息相关的基本人权。然而，正是在自决“人权化”完成前后，关于自决权适用范围的争论开始逐渐升温，“外部自决”与“内部自决”两分法的概念逐渐开始萌芽、成型。

---

① 例如在“十四点原则”的第十、十二点当中，威尔逊都使用了“自主发展”（autonomous development）一词阐述战后奥匈帝国和奥斯曼帝国治下各民族应享有的权利。See Yale Law School, “President Woodrow Wilson’s Fourteen Points,” http://avalon.law.yale.edu/20th_century/wilson14.asp.

（三）“内部自决”理论的源起与发展

顾名思义，“内部自决”指的就是一个主权国家内部的全部或部分人民面对本国政府行使自决权的行为，但这一概念包含哪些具体内容却一直没有定论。回顾历史，威尔逊之所以在阐述他的自决观时更倾向于使用“自治”这个词，是因为他的自决观理论上就是以被统治者的同意为基础的统治合法性建构，在他看来自决就是广义上人民自由地选择他们自己的政府和决定政府的形式（而非意义更加具体的摆脱来自外国的殖民统治、军事占领和压迫），而这一理念原本就是与作为美国立国之本的《独立宣言》一脉相承的。[①] 在著名的“十四点原则”中探讨奥匈帝国、土耳其等国境内各民族的前途问题时，威尔逊优先考虑的也是内部解决方案而不是鼓励各民族分离建国。[②] 有学者据此认为，威尔逊的自决观正是“内部自决”的理论萌芽。[③]

时间进入非殖民化运动如火如荼的 20 世纪 60 年代，哈罗德·约翰逊（Harold S. Johnson）教授敏锐地察觉到，殖民地人民和被压迫民族通过自决实现建国的道路显得太过平坦，使得自决的诱惑被放大了。在这种情形下，新独立

---

① See Anthony Whelan, “Wilsonian Self-Determination and the Versailles Settlement,” *International and Comparative Law Quarterly 43* (1994) 99-115, p. 100.

② See Ulrike Barten, *Minorities, Minority Rights and Internal Self-Determination* (Springer Press, 2015), p. 189.

③ Joshua Castellino, *International Law and Self-Determination* (The Hague: Martinus Nijhoff, 2000), p. 13.

国家内部的少数者同样对自决权提出声索却不得国际社会的承认，令他不禁开始怀疑：当非殖民化运动的烽烟平息后，“承认其他地区的自决权的条件是否成熟”？[①]约翰逊教授也是最早使用“内部自决”一词的学者之一，在他看来，内部与外部自决的区别在于“前者是一个人民群体建构一个民族的权利，后者是一个民族以国家的形式决定自己命运的权利”。[②]不过，这种从国际政治角度出发的两分法并不彻底，它是将“内部自决”和“外部自决”的概念有机结合在一起，而非分别系统阐述它们的概念。

即便是某些来自前殖民地国家的国际法学人，也意识到自决可能存在“对内”层面。尼日利亚人权学者奥吉·乌莫祖利克（U. Oji Umozurike）教授在其关于自决的著作中提出，自决的形式除了联大第1541号决议提出的非自治领土实现完全自治的三种途径（即独立建国、与他国合并或并入他国）之外，还包括“自治”“地方自主”和“参与政府的其他形式”，因为自决原则的终极目标是“通过内部和外部的运作保障国内的统治和排除来自内外的压迫”。乌莫祖利克由此推论，自决“与附属领土和独立领土都有关系”，[③]

---

① See Harold S. Johnson, *Self-Determination within the Community of Nations* (Amsterdam: Sijthoff, 1967), p. 202.

② See Harold S. Johnson, *Self-Determination within the Community of Nations*, p. 26.

③ See U. Oji Umozurike, *Self-Determination in International Law* (Archon Books, 1972), p. 3.

这可以说是将自决的对内和对外层面进行区分的初期尝试。

冷战结束前后，特别是在苏东剧变震撼世界的大背景下，"内部自决"理论于20世纪90年代开始走向系统化。托马斯·弗兰克（Thomas M. Franck）教授在《民主治理权利的兴起》一文中提出，自两大国际人权公约生效之时起，自决权的内涵就已经发生了变化和延伸，它成为一项"包容性的原则"（a principle of inclusion），亦即"参与的权利"（the right to participate），使得各国人民都有权"自由、公平且公开地参与由各国自由选择的民主治理进程"。[①] 阿兰·罗萨斯（Allan Rosas）教授也同意自决权的潜藏要素中除了与不干涉和非殖民化相关的内容之外，还包括人民享有民主政体、决定自己的宪法，包括在较大国家内享有自治地位的权利。[②] 莫滕·哈普林（Morton H. Halperin）教授等学者则对"内部自决"的内涵做了比较宏观的界定，即在不改变一国既定边界的情况下赋予人民"选择政治效忠的对象、对其生存的政治秩序施以影响，并维护其文化、种族、历史或领地身份认同"的权利。[③] 埃里克·科罗德纳（Eric Kolodner）教授附议了这一观点，

---

① See Thomas M. Franck, "The Emerging Right to Democratic Governance," *American Journal of International Law* 86 (1992) 46-91, pp. 58-59.

② See Allan Rosas, "Internal Self-Determination," in *Modern Law of Self-Determination,* ed. Tomuschat, p. 230.

③ See Morton H. Halperin et al., *Self-Determination in the New World Order* (Carnegie Endowment for International Peace, 1992), p. 47.

并进一步指出，内部自决的要义之一在于其并非鼓励人民追求对其政治、经济、社会和文化的“绝对控制”，而是防止政府通过制度对其治下某个特定的人群的权利进行长期系统性的剥夺，这一理论更多地侧重于反对系统性、制度性的种族歧视。①

意大利著名国际法学者、当代西方自决理论的资深研究者安东尼奥·卡塞斯（Antonio Cassese）教授通过总结包括上述理论在内的各种学说和实践，将“内部自决”最可能的要素归纳为三大块：主权国家所有人民享有民主政府的权利、少数者团体的权利以及被拒绝参政的种族团体的权利。②其中，卡塞斯对第三块即“种族团体的内部自决”尤为重视。这一论述与科罗德纳教授所论述的内部自决以反歧视为侧重点的观点有相似之处，其主要是建立在对 1970 年《国际法原则宣言》的“保留条款”（saving clause）③的解读基础之上的，即“以上各项不得解释为授权或鼓励采取任何行动，局部或全部破坏或损害在行动上

① See Eric Kolodner, “The Future of the Right to Self-Determination,” 10 *Connecticut Journal of International Law* (1994), pp. 162-163.

② See Antonio Cassese, *Self-Determination of Peoples: A Legal Reappraisal* (Cambridge University Press, 1995), pp. 102-125.

③ See Antonio Cassese, *Self-Determination of Peoples*, p. 120. 该条款在某些文书中被称为“保障条款”（safeguard clause）。See for example, *Accordance with International Law of the Unilateral Declaration of Independence in Respect of Kosovo (Request for Advisory Opinion) – Written Statement of the Government of the Republic of Serbia*, 17 April 2009, https://www.icj-cij.org/public/files/case-related/141/15642.pdf, p. 219.

符合上述各民族享有平等权及自决权原则并因之具有代表领土内不分种族、信仰或肤色之全体人民之政府之自主独立国家之领土完整或政治统一”。卡塞斯认为，这一否定式的长句可以通过调过来变成肯定的形式加以推理得出以下结论：一个尊重自决原则的主权国家的政府，必然是代表其整个人口的，特别是允许各个种族、宗教或肤色的团体平等地参与政治决策；反过来，只有当政府以种族、宗教或肤色为由拒绝某些团体参与政治决策时，它们才有权主张自决权。[①] 此外，卡塞斯教授所总结的“内部自决权”规则区别于非殖民化原则下的“外部自决权”最重要的特征就是“持续性”（ongoing），他认为这将使得后非殖民化时期的自决权避免成为“一次性（once and for all）权利”的尴尬。[②] 这一点也是他与其他许多主张为“内部自决”正名的学者的共识。[③] 曼弗雷德·诺瓦克（Manfred Nowak）教授更提出，这种“持续性”还特别体现在一个事实上：自决权不应被局限在政治层面，人民“排除来自外部和国内的干涉”自由寻求其经济、社会和文化的发展

---

① See Antonio Cassese, *Self-Determination of Peoples*, p. 112.

② See Antonio Cassese, *Self-Determination of Peoples*, p. 311.

③ See, for example, S. James Anaya, “A Contemporary Definition of the International Norm of Self-Determination,” *Transnational Law and Contemporary Problems* 3 (1993), p. 151; Jean Salmon, “Internal Aspects of the Right to Self-Determination: Towards a Democratic Legitimacy Principle,” in *Modern Law of Self-Determination,* ed. Tomuschat, p. 269.

也是极其重要的。[①] 由此可见，西方学者对“内部自决”概念的建构也在逐渐覆盖到自决的各个方面，乌尔赖克·巴顿（Ulrike Barten）教授近年来在其著作中对此做了较为详尽的论述，笔者将在第四章中对这一点做详细的评析。

尽管各自的侧重点或许有所不同，但正如格利高里·福克斯（Gregory H. Fox）教授所总结的那样，上述“内部自决”理论的共同点在于试图以扩大人民自决权内涵与外延的方式，达到避免自决权与主权和领土完整原则发生冲突的目的。[②] 非殖民化时期的自决权很大程度上脱胎于列宁笔下的“分离权”，其固然在一定历史时期内为殖民地人民走上独立自主的道路提供了有力的武器，但以“分离权”为重要理论依据的自决权在国际法上的正名在为殖民地人民走上独立道路扫清障碍的同时，也为民族分离主义提供了冠冕堂皇的口实。尽管“内部自决”的提出，在一定程度上是冷战结束前后西方国家不甘心在集体人权领域让社会主义阵营和第三世界国家一枝独秀，想要抢占人权话语权的结果，但另一方面站在客观的角度来看，后非殖民化时期的民族分离主义在不少西方发达国家造成的政治动荡与潜在危害也丝毫不逊于第三世界国家。在非殖民化运动已基本告一段落的情

---

① See Manfred Nowak, *UN Covenant on Civil and Political Rights: CCPR Commentary (ed.2)* (N.P. Engel, 2005), para. 35, p. 24.

② See Gregory H. Fox, “Book Review: Self-Determination in the Post-Cold War Era: A New Internal Focus?” *Michigan Journal of International Law* 16 (Spring, 1995), p. 734.

况下，以不破坏既有领土完整为原则将自决的范围限定在主权范围之内，对所有希望政局稳定的国家政府而言，都是一种公开而现实的关切。[①]

二、国际法上自决权的形式渊源

笔者认为，在本部分当中，有必要首先对国际法的形式渊源和证据加以区分。诚如一些学者所言，不同形式渊源和权威证据之间的关系是不同的。[②] 对于双边、多边条约乃至某些非条约性国际文件而言，构成性（constitutive）和证据性（evidential）是统一的，形式渊源是权威证据的载体，权威证据是形式渊源的果实；而对于习惯法和一般国际法原则而言，形式渊源和权威证据则是分离的。本书无意从宏观角度专门探讨国际法规则形成、制定的方法和程序，只针对“内部自决”这个特定的对象解决“找法”的问题。对于“内部自决”而言，可能的国际法渊源既包括全球性、区域性多边条约等规则构成与证据相统一的范例，也涉及联合国大会

① 对包括西方国家的大多数国际社会成员而言，在后非殖民化时期，一方面，“稳定和秩序压倒了自决”，可另一方面，自决毕竟是已为国际社会公认的基本人权之一，很难找到公然贬抑之的理由。“内部自决”在很大程度上便是这样一种两难的产物。See Barten, *Minorities, Minority Rights and Internal Self-Determination*, pp. 196-197; Supreme Court of Canada, See Supreme Court of Canada, *Reference re Secession of Quebec*, http://docenti.luiss.it/fasone/files/2016/02/Secession-Quebec-1998scr2_217.pdf, [1998] 2 S.C.R, pp. 280-281.

② 陈一峰：《论当代国际法上的不干涉原则》，北京大学出版社，2013，第 44 页。

决议（宣言）和其他重要国际会议文件这样可能包含习惯法规则或对习惯法规则的形成有促进作用的形式渊源和权威证据分离的文本。

根据一般意义上国际法文书效力的优先性，本部分接下来将按《联合国宪章》与多边人权条约、联合国大会相关决议及其他相关国际文书的顺序对与自决原则和自决权可能相关的部分国际法形式渊源进行列举及简要的说明分析。此外，对于多边人权条约等具有法律约束力和相对健全的执行机制的形式渊源与其他权威证据（如国家实践、国际人权案件判例等），本书将在后文中进行详细阐述和辨析。

（一）《联合国宪章》及国际和区域多边人权条约

1.《联合国宪章》

作为联合国的“基本大法”，《联合国宪章》（以下简称《宪章》）和国际法上的自决原则有着密切的联系，甚至可以说是国际法上的自决原则得以普遍确立的基础。《宪章》中明确提及“自决原则”一词的条款分别是第1条（“发展国际间以尊重人民平等权利及自决原则为根据之友好关系”）和第55条（“为造成国际间以尊重人民平等权利及自决原则为根据之和平友好关系所必要之安定及福利条件起见”）。[①][②]然而，正如一些学者所指出的那样，仅从这

① *Charter of United Nations* (1945), http://www.un.org/en/sections/un-charter/un-charter-full-text/.

② 着重号为本书作者添加，下同。

两条根本无从推定《宪章》所提及的“自决”的具体含义究竟是什么，这使得《宪章》第1条和第55条中有关自决的措辞的法律价值也受到了影响。[①] 虽然这恐怕不足以成为质疑甚至否定《宪章》中的“自决原则”作为国际法规则的理由，[②] 但结合《宪章》起草和联合国初创之时的语境，通过基本的语义分析，我们至少可以认为，在“外部自决”都尚未真正得到国际社会一致认可的时代背景下，[③] 今时今日“内部自决”的支持者就更难从《宪章》当中得到他们认为真正

---

① See Hurst Hannum, “Rethinking Self-Determination,” *Virginia Journal of International Law* 34 (1993) 1-69, p. 11; S. Prakash Sinha, “Has Self-Determination Become a Principle of International Law Today?” *Indian Journal of International Law* 14 (1974) 332-361, pp. 336-337.

② 关于《宪章》中“自决原则”的定义的局限和缺陷究竟对自决在当时的法律地位产生了怎样的影响，学者间是存在分歧的。参见 Hurst Hannum, *Autonomy, Sovereignty, and Self-Determination: The Accommodation of Conflicting Rights* (University of Pennsylvania Press), 1996, p. 33；Cassese, *Self-Determination of Peoples*, p. 43。然而，从国际条约法的角度来看，作为一个多边公约，《宪章》缔约国当然要受到其约束，因此至少，《宪章》中“自决原则”的法律约束力是不容置疑的，参见白桂梅：《国际法上的自决》，第27页。

③ 一部分学者认为《宪章》第11（“关于非自治领土之宣言”）、12（“国际托管制度”）章的有关条款本身就包含了对自决原则的承认，甚至已经提出了实现自决的具体措施。参见 Edward A. Laing, “The Norm of Self-Determination: 1949-1991,” *California Western International Law Journal* 22 (1992) 209-308, p. 212; Yves Beigbeder, *International Monitoring of Plebiscites, Referenda and National Elections: Self-Determination and Transition to Democracy* (Martinus Nijhoff), 1994, pp. 94-95; Gebre H. Tesfagiorgis, “Self-Determination: Its Evolution and Practice by the United Nations and Its Application to the Case of Eritrea,” *Wisconsin International Law Journal* 6 (1987) 75-127, p. 84。但这显然是和“外部自决”相关的非殖民化问题。不过，也有学者认为在当时的国际背景之下，《宪章》首要关注的是国与国之间的友好关系与促成普遍的国际和平，而不是个人或包括殖民地和附属领土人民在内的任何特定群体的权利。参见 Rosalyn Higgins, *Problems & Process – International Law and How We Use It* (Clarendon Press, 1994), p. 112。

有价值的线索了。

2. 《公民及政治权利国际公约》与《经济社会文化权利国际公约》

1948 年 12 月，联合国大会相继通过《防止及惩治灭绝种族罪公约》和《世界人权宣言》，拉开了人权议题大举挺进国际法的序幕。然而，《世界人权宣言》并未对殖民主义加以谴责并明确宣告支持人民的自决权和种族的平等权，而这正是广大殖民地或附属国人民强烈要求的首要人权。从 1950 年到 1966 年，通过新兴国家和发展中国家与西方国家在联大的长期博弈与斗争，《公民及政治权利国际公约》与《经济社会文化权利国际公约》最终获得通过，并于 1976 年正式生效。从两公约起草的历史记录来看，西方殖民国家从一开始就坚决反对和抵制将自决写入两公约。由此可见，两公约作为非殖民化运动胜利成果的一部分的地位是不容否认的。

然而另一方面，将世界范围内非殖民化运动的推进作为西方国家最终妥协的唯一依据似乎欠缺说服力。因为自决"人权化"的标志性文件——两公约共同第 1 条关于自决权的规定显得"既明确又模糊"：[①]

① *International Covenant on Civil and Political Rights* (1966), http://www.ohchr.org/Documents/ProfessionalInterest/ccpr.pdf; and *International Covenant on Economic, Social and Cultural Rights* (1966), http://www.ohchr.org/Documents/ProfessionalInterest/ECOSOC.pdf.

一、所有民族均享有自决权，根据此种权利，自由决定其政治地位并自由从事其经济、社会与文化之发展。

二、所有民族得为本身之目的，自由处置其天然财富及资源，但不得妨害因基于互惠原则之国际经济合作及因国际法而生之任何义务。无论在何种情形下，民族之生计，不容剥夺。

三、本盟约缔约国，包括负责管理非自治及托管领土之国家在内，均应遵照联合国宪章规定，促进自决权之实现，并尊重此种权利。

说第 1 条的措辞“明确”，是因为和《联合国宪章》的文本相比，该条目明确了自决包括多个方面，包括政治、经济、社会和文化的发展，以及自由处置天然财富和资源的权利，等等。说它“模糊”，则是因为该条目从未给“人民”下一个明确的定义，从而从一开始就将这一集体权利的行使主体模糊化了。特别是第 3 款的规定十分耐人寻味。表面上来看，第 3 款的重点在于非殖民化，但“包括负责管理非自治及托管领土之国家”一句中的“包括”一词却带有明显的暗示性，恰好对应了前文所提及的乌莫祖利克教授的观点：自决与殖民地和独立国家都有关系。[①] 其实在“人权两公约”

① See U. Oji Umozurike, *Self-Determination in International Law* (Archon Books, 1972), p. 3.

起草的过程中，第3款的内容就曾一度被压缩为仅针对殖民国家，但联大第三委员会的许多代表认为这种说法带有“歧视性”（discriminatory），最终南斯拉夫代表提议将其修改为现有措辞，并得到代表们的一致通过。诺瓦克教授认为，第3款之所以看上去突出了非自治领土和托管领土，完全是因为当时非殖民化运动正处在如火如荼的阶段，殖民地人民的独立诉求自然就成了最紧迫的问题。[①] 笔者认为，这种观点是值得认真思索的。将殖民地人民的自决诉求作为重要但并非唯一的考量对象，的确可能在当时就为“内部自决”留下了可观的空间。由此可见，一些学者将“人权两公约”共同第1条的相关内容的解读作为“内部自决”的法理依据，是有一定道理的。

3.《非洲人权和民族权宪章》

除了《公民及政治权利国际公约》与《经济社会文化权利国际公约》之外，所有地区多边人权条约中只有《非洲人权和民族权宪章》第20、21条规定了自决权。其中第20条第2、3款规定的是传统的非殖民化语境下殖民地人民（即该宪章中译本中的“民族”，其对应的英文单词为peoples）享有的“外部自决权”，第1款则与两大国际人权公约第1条第1款的内容相近（着重号为本书作者添加，下同）：[②]

---

① See Nowak, *UN Covenant on Civiland Political Rights* , para. 13, p. 13.

② “African (Banjur) Charter on Human and Peoples’ Rights (1981),” ACHPR, http://www.achpr.org/files/instruments/achpr/banjul_charter.pdf, p. 6.

一切民族均拥有生存权。它们均有不容置疑和不可剥夺的自决权。它们应自由地决定自己的政治地位，并按照其自由选择的政策谋求经济和社会发展。

第21条则明显是参照“人权两公约”第1条第2款的内容起草的：①

1. 一切民族均可自由处置其天然财富和资源。此项权利的行使应该基于民族利益的考量。在任何情况下均不得剥夺一个民族的这项权利。

2. 一旦遭到掠夺，被掠夺的民族不但有权要求得到足够的补偿，而且有权合法地收回其财产。

3. 自由处置天然财富和资源权利的行使，不得妨碍基于互利、公平交易和国际法原则的促进国际经济合作的义务。

4. 为了加强非洲的统一和团结，本宪章各缔约国均有单独和集体行使其自由处置天然财富和资源的权利。

5. 为了使本民族从本国资源优势中充分获益，本宪章各缔约国承诺消灭一切形式的经济剥削，特别是

① “African (Banjur) Charter on Human and Peoples’ Rights (1981),” ACHPR, http://www.achpr.org/files/instruments/achpr/banjul_charter.pdf, pp. 6-7.

国际垄断公司所施加的剥削。

除此之外，笔者认为，第22条在很大程度上也是“人权两公约”第1条第1款的延伸：①

> 1. 一切民族在适当顾及本身的自由和个性并且平等分享人类共同遗产的条件下，均享有经济、社会和文化的发展权。
>
> 2. 各国均有义务单独或集体地保障发展权利的行使。

可以看出，上述条款（特别是第21条）带有浓厚的非殖民化色彩。笔者认为，鉴于非洲是历史上受殖民主义危害最严重的地区，20世纪80年代初期非洲统一组织通过该宪章之时，应当就是将重点放在了反对和消除殖民统治这个议题上，恐怕还无暇或拒绝考虑自决权适用范围的扩张问题。但随着时间的推移，这一立场也已出现了松动。21世纪初，该宪章监督机构非洲人权和民族权委员会通过决议，专门成立了非洲土著人民与社群工作组，授权其评估土著人概念的界定，并对该宪章与土著人相关的其他重要问题进行研究，

---

① “African (Banjur) Charter on Human and Peoples’ Rights (1981),” ACHPR, http://www.achpr.org/files/instruments/achpr/banjul_charter.pdf, p. 7.

其中就包括与第20、22条相关的问题。[①] 这表明即便在最重视非殖民化的地区，“内部自决”在官方议事日程中的地位也日渐上升。

4．《欧洲地方自治宪章》

1985年，欧洲委员会大会（Congress of the Council of Europe）通过了《欧洲地方自治宪章》，1988年9月1日该宪章正式生效。[②] 该宪章第2条明确规定，各缔约国应在本国立法（乃至宪法）当中明确承认地方自治的原则；第3、4条则对地方自治的概念与范围做了较为清晰的界定。[③] 该宪章缔约国的地方公共团体甚至可以向作为该宪章监督机构的欧洲地方和地区政权代表大会请求监视该国中央政府对其自治权的侵害行为，并由大会提交监视报告和建议。这一近似于“人权两公约”缔约国定期报告制度的机制在一定程度上赋予了欧洲的某些地方公共团体近似于国际法主体地位的角色。[④] 巴顿教授总结道，该宪章的确触及了“内部自决”，只是将之限定在地方行政这一“最低标准”之下，

---

① See Office of the High Commissioner for Human Rights (OHCHR), *Pamphlet No. 6 Minority Rights under the African Charter on Human and Peoples' Rights*, http://www.ohchr.org/Documents/Publications/GuideMinorities6en.pdf, pp. 1-2.

② 根据《欧洲地方自治宪章》精神，欧洲委员会大会于1994年1月14日正式更名为“欧洲地方和地区政权代表大会”（The Congress of Local and Regional Authorities, CLRA），作为该宪章执行监督机构。目前，欧洲委员会所有成员国的立法机关都已批准了该宪章。

③ See *European Charter of Local Self-Government* (1985), https://rm.coe.int/168007a088, p. 2.

④ 王建学：《作为基本权利的地方自治》，厦门大学出版社，2010，第184页。

且尤其与“限定领地的少数者群体”（territorially limited minorities）相关。[①]不过从全世界范围来看，“地方自治”究竟是否属于自决的范畴仍存在争议，笔者在之后的章节中还将对此做更多探讨。

（二）联合国大会的相关决议

1.《世界人权宣言》

《世界人权宣言》作为“国际人权宪章”的第一个组成部分，是“人权两公约”最主要的文本基础。在宣言谈判和起草阶段，以苏联为首的东欧社会主义国家阵营曾数次提及将自决权纳入宣言正文的重要性。[②]苏联代表曾提交了一份宣言修正案，该版本宣言第 3 条第 1 款全文如下：[③]

> 每一个人民群体（every people）和每一个民族（every nation）都享有民族自决的权利（the right to national self-determination）。负责管理非自治领土（包括殖民地）的国家，为这些领土上的人民计，应以联合国原则与目的为指导，促进这项权利的实现。

① 巴顿教授认为，《欧洲地方自治宪章》的规定意味着在地方事务领域，倘若人们对“自决”的提法还心存疑虑的话，中央政府与自治地区的人民至少实现了“共决”（co-determination）。See Barten, *Minorities, Minority Rights and Internal Self-Determination*, p. 35.

② See William A. Schabas ed., *The Universal Declaration of Human Rights: The travaux préparatoires* (Cambridge University Press, 2013), pp. 10, 3038 & 3084.

③ See William A. Schabas ed., *The Universal Declaration of Human Rights*, p. 3018.

遗憾的是，该款最终以 14 票赞成、17 票反对、5 票弃权的微弱劣势被驳回。[①] 已经成为《联合国宪章》所载明的国际法基本原则的自决为何没有被宣言的最终文本所提及？笔者以为，可能主要存在以下几个方面的原因。

第一，当时的国际社会，特别是在国际秩序中起支配地位的少数大国，并不真正重视自决问题。威廉·沙巴斯（William A. Schabas）教授认为，二战时期，自由、平等和自决等口号在很大程度上只是大国团结中小国家和人民的工具，而在战局逐渐明朗后，对取得最终军事胜利信心满满的大国们对这个工具的关心程度明显下降，这种态度上的变化在联合国筹备期间就已表现出来。[②]

第二，宣言起草及通过之时，正值联合国初创之际，老牌殖民大国对殖民地的控制和影响尚存，而国际社会也尚未做好迎接非殖民化大潮来临的准备。此外，由于殖民大国并未从根本上否认非殖民化与自决之间的关系，其他国家也就在一定程度上对这种控制和影响表示了沉默。[③] 此外值得一提的是，包括殖民大国在内的欧洲国家虽然力阻《世界人

---

① See William A. Schabas ed., *The Universal Declaration of Human Rights*, p. 2922.

② See William A. Schabas ed., *The Universal Declaration of Human Rights*, p. lxxv.

③ 例如，在联大第三委员会就宣言草案展开辩论的过程中，英国代表声称：殖民地通向自决的进程已经取得了显著的进展，对当地居民习俗和语言的保护也受到了应有的关注，而苏联代表却故意忽视这一点。从会议记录来看，英国代表的自辩或许对苏联集团以外的其他国家代表心理产生了一定影响。See William A. Schabas ed., *The Universal Declaration of Human Rights*, pp. 2851-2856.

权宣言》纳入自决权，但并未表现出对自决权的彻底排斥。他们不介意在其他国际平台上就该问题做出一定的让步，这在很大程度上也给国际社会造成了他们在这一问题上留有余地的印象。①

第三，正如本章前面所分析的那样，《联合国宪章》第 1 条第 2 款所规定的自决原则与非殖民化之间在法理上还没有真正建立起密不可分的关系，因此彼时的国际社会尚未厘清自决的真正内涵，也就没有准备好回答这样的问题：自决究竟是指殖民地人民独立建国的权利，还是属于一种少数者的权利？这种困惑，从宣言起草和谈判过程中各国代表时常在讨论少数者权利问题时提及自决问题可见一斑。②与此同时，主张将自决权写入宣言的苏联集团还一再提及，自决权的解释和行使可以参照苏联处理其本国民族关系的实践，③这也有可能使得已经对自决内涵感到困惑的其他国家（特别是其他多民族国家）对苏联提倡自决的真实意图感到疑惑甚至警觉，从而也倾向于对这一议题避而不谈。

---

① 例如，1948 年 9 月在罗马召开的第 38 届“各国议会大会”（Inter-Parliamentary Conference）通过的《国际道德原则宣言》（Declaration on the Principles of International Morality）第 12 条明确规定：“人民享有不可剥夺、不可动摇的自由自决权利，国际社会有责任保护这一权利的行使。” See William A. Schabas ed., *The Universal Declaration of Human Rights*, p. 2098.

② See William A. Schabas ed., *The Universal Declaration of Human Rights*, pp. cix & 2851.

③ See William A. Schabas ed., *The Universal Declaration of Human Rights*, pp. 2851 & 3084.

或许正是在上述种种主客观原因的作用下，联大第三委员会经研究认为，苏联修正案中涉及的自决与少数者权利的问题“需要更多研究”，也采纳了时任人权委员会主席暨美国代表埃莉诺·罗斯福（Anna Eleanor Roosevelt）的观点，即《世界人权宣言》关切的是个体权利，而非群体权利，[①] 从而将自决权排除在宣言内容之外。

尽管《世界人权宣言》本身不算国际法上自决的直接形式渊源，但宣言起草和谈判过程中所提及的一切与自决相关的内容，仍对国际社会战后“自决观”的形成产生了重大影响，在一定程度上为《给予殖民地国家和人民独立宣言》和“人权两公约”共同第1条的诞生奠定了思想基础。

2.《给予殖民地国家和人民独立宣言》及相关决议

1960年12月4日，第十五届联大通过第1514（XV）号决议，即《给予殖民地国家和人民独立宣言》，在推动自决成为习惯国际法规则的进程中迈出了最重要的一步。《给予殖民地国家和人民独立宣言》第4、5条中明确声明，殖民地人民拥有“和平地、自由地行使他们完全独立的权利”，有权“享受完全的独立和自由”。[②] 为进一步将《给予殖民地国家和人民独立宣言》的精神落到实处，同年联大又通过

---

① See William A. Schabas ed., *The Universal Declaration of Human Rights*, p. 3029.

② UN General Assembly (UNGA), “Declaration on the Granting of Independence to Colonial Countries and Peoples,” A/RES/1514 (XV) (947th plenary meeting, 14 December 1960), undocs.org/A/RES/1514(XV).

了第 1541 号决议，澄清了非自治领土实现完全自治的具体形式。次年，第十六届联大又通过了第 1654 号决议，成立非殖民化特别委员会，即所谓的“24 人委员会”（Committee of 24），专门为该宣言的执行提供建议。

关于《给予殖民地国家和人民独立宣言》的效力问题，国际法学界存在多种解读。有学者认为联大决议没有法律拘束力，该宣言不过是联合国的一项行动计划。[①] 不过，英国国际法学者、国际法院前院长罗莎琳·希金斯（Rosalyn Higgins）教授特别提出，既然《给予殖民地国家和人民独立宣言》和联大第 1654 号决议是在没有一票反对的情形下通过的，仅仅凭借“联大决议没有拘束力”就对自决的法律地位提出抗辩“似乎就太因循守旧”，也是“对通过一致和不断的行为所揭示的国家实践的蔑视”。从这个意义上可以说，联大第 1514、1541 和 1654 号决议内容标志着自决原则初步奠定了其在习惯国际法上的地位。[②] 还有学者更进一步认为，《给予殖民地国家和人民独立宣言》是对《联合国宪章》中自决条款的权威解释，可以说已成为《宪章》的一个组成部分。[③] 可以肯定的是，《给予殖民地国家和人民

---

① See John N. Hazard, “Codifying Peaceful Co-Existence,” *American Journal of International Law* 55 (1961) 109，p. 118.

② See Rosalyn Higgins, *The Development of International Law Through the Political Organs of the United Nations* (Oxford University Press, 1963), pp. 101-102, 104.

③ See Alan Boyle, “Soft Law in International Law-making,” in *International Law (Third Edition)*, ed., Malcolm D. Evans(Oxford University Press, 2010), p. 128.

独立宣言》对巩固殖民地人民自决权的合法性具有里程碑意义，因为它为20世纪60年代以降的非殖民化进程提供了法理基础。在这一进程中诞生的新独立国家纷纷加入联合国，深刻地改变了国际政治格局。①

上述三个决议是与非殖民化语境下的“外部自决”直接相关的，和“内部自决”并无关联。不过值得注意的是，《给予殖民地国家和人民独立宣言》要求殖民国家采取措施让各殖民地人民获得“完全的独立”（complete independence），这一点与《宪章》第73（b）条所规定的“按各领土及其人民特殊之环境及其进化之阶段，发展自治”似乎有冲突；而在后续实践中，24人委员会虽然根据决议精神编制了非自治领土（NSGTs）清单，却基本上没有对这些领土的管理国提出促使这些领土早日实现独立的硬性要求。时至2020年9月22日，仍有17块领土处于24人委员会所认定的“非自治”状态，②然而其中绝大多数都已成为管理国宣称拥有主权的自治领土，国际社会对改变这些领土地位的态度多少有些模棱两可。这些领土的管理国似乎认为其人

① See *Western Sahara (Advisory Opinion)* [1975] ICJ Rep 12, p. 32.

② 这17块非自治领土分别为非洲的西撒哈拉，大西洋及加勒比地区的安圭拉、百慕大、英属维尔京群岛、开曼群岛、马尔维纳斯群岛、蒙特塞拉特、圣赫勒拿、特克斯和凯科斯群岛、美属维尔京群岛，欧洲的直布罗陀，以及太平洋地区的美属萨摩亚、法属波利尼西亚、关岛、新喀里多尼亚、皮特凯恩、托克劳。此清单最后更新时间为2020年9月22日，相关信息参见：https://www.un.org/dppa/decolonization/en/nsgt。需要指出的是，并非所有西方国家的前殖民地暨现海外领地都被24人委员会视为“非自治领土”，24人委员会也并未说明其判定某领土“非自治”所依据的具体标准。

民已经行使了自决权，尽管这些自决是以自治而非完全独立的形式实现的。

3.《关于自然资源永久主权的决议》

联大于1962年12月14日通过了第1803(XVII)号决议，即《关于自然资源永久主权的决议》。该决议序言有两处提及自决：（1）序言第二段明确，自然财富与资源永久主权是自决权的基本要素之一；（2）序言第七段提出，发达国家与发展中国家之间所订立的经济及财政协定必须以人民的平等原则及自决原则为基础。①

自然财富与资源的永久主权属于自决权的一部分，已被写入"人权两公约"共同第1条第2款，明确了自决的范围决不仅限于政治独立或自治。笔者认为，本决议最具争议的问题还在于如何翻译序言第七段后半句中的相关用语，其原文为：

...[a]nd that economic and financial agreements between the developed and developing countries must be based on the principles of equality and of the right of peoples and nations to self-determination.

原始中文文本中将 peoples and nations 翻译为"各民族与各国族"，② 而收录在联合国官网中的中文网页版则将之

---

① See UNGA, *Permanent Sovereignty over Natural Resources*, A/RES/1803 (XVII) (14 December 1962), undocs.org/A/RES/1803(XVII).

② 原始中文文本链接：https://www.un.org/ga/search/view_doc.asp?symbol=A/RES/1803(XVII)&Lang=C。

翻译为“各国人民和各民族”。[①]倘若以后一种翻译为准，自决权的持有者应为既有主权国家的全体人民以及争取解放的民族。倘若以前一种翻译为准，自决权的持有者还将扩展到“国族”以外的其他民族，显然给包括“内部自决”在内的传统非殖民化语境外的自决权扩张留下了空间。[②]结合本决议通过的时代背景，笔者倾向于认为，前一种翻译似乎更加符合决议起草者的本意。

4.《国际法原则宣言》

如果说《给予殖民地国家和人民独立宣言》是自决初步确立其国际法基本原则的关键一步，1970年联大通过的《国际法原则宣言》则为自决原则的确立拼上了最后一块拼图。《国际法原则宣言》中涉及自决原则的部分如下：[③]

> 各民族享有平等权利与自决权之原则
>
> 根据联合国宪章所尊崇之各民族享有平等权利及自决权之原则，各民族一律有权自由决定其政治地位，不受外界之干涉，并追求其经济、社会及文化之发展，且每一国均有义务遵照宪章规定尊重此种权利。

---

① 联合国公约与宣言检索系统，中文网页版链接：https://www.un.org/zh/documents/treaty/files/A-RES-1803(XVII).shtml。

② 关于“人民”“民族”“国族”等概念的辨析，详见本书第三章的相关内容。

③ UNGA, “Declaration on Principles of International Law concerning Friendly Relations and Co-operation among States in accordance with the Charter of the United Nations,” A/RES/2625(XXV) (24 October 1970), undocs.org/A/RES/2625(XXV), Article 1.

…………

一个民族自由决定建立自主独立国家，与某一独立国家自由结合或合并，或采取任何其他政治地位，均属该民族实施自决权之方式。

每一国均有义务避免对上文阐释本原则时所指之民族采取剥夺其自决、自由及独立权利之任何强制行动。此等民族在采取行动反对并抵抗此种强制行动以求行使其自决权时，有权依照宪章宗旨及原则请求并接受援助。

…………

以上各项不得解释为授权或鼓励采取任何行动，局部或全部破坏或损害在行为上符合上述各民族享有平等权及自决权原则并因之具有代表领土内不分种族、信仰或肤色之全体人民之政府之自主独立国家之领土完整或政治统一。

每一国均不得采取目的在局部或全部破坏另一国国内统一及领土完整之任何行动。

总体而言，必须肯定的是，《国际法原则宣言》对“各民族享有平等权利与自决权”的明确，在很大意义上是对《联合国宪章》业已取得累累硕果的非殖民化运动的进一步肯定和推动。但同时我们可以看出，尽管《国际法原则宣言》字面上没有明确提出“内部自决”的概念，但其部分措辞客观上的确给自决权适用范围的扩大化提供了余地。

首先，《国际法原则宣言》重申了《宪章》的措辞，明确表示所有“民族”（peoples，和《宪章》中的“人民”对应的是同一个英文单词，上文已提及《非洲人权和民族权宪章》采用了相同的译法）都拥有自决权。虽然不论从该宣言通过的时间还是其起草讨论过程中的蛛丝马迹都很难下结论说“人民”（或“民族”）一定包括殖民地人民之外的主体，但这种模糊的用语显然给争议留下了空间。关于自决权主体的问题，笔者将在后文中进行详细分析。

其次，该宣言首次明确肯定了实现自决的形式包括“采取任何其他政治地位”。这种“欲言又止”无疑给人们留下了足够的想象空间。譬如，“其他政治地位”包括哪些？倘若拥有“人民”主体地位的群体不止一个，那么“其他政治地位”的选项是否反过来意味着那些在法理上难以获得独立或自治资格的“人民”群体的确有权通过其他形式实现自决？笔者认为，当前围绕自决权适用范围的争议，与“采取任何其他政治地位”的不同解读不无关系。

最后特别值得重视的一点是，前文已经提到，卡塞斯教授所提出的“种族团体的内部自决”理论正是来源于该宣言的“保留条款”（“以上各项不得解释为……领土完整或政治统一”）。卡塞斯认为，尽管“保留条款”是用否定的形式陈述的，但我们不应忽视其重要的隐含意义：当政府以种族、宗教或肤色为由拒绝团体的参与时，这些团体是有权主张自决权的。为证明“保留条款”正在成为一项习惯法规则，卡塞斯特别举例说明，南罗得西亚（津巴布韦）与南非的独立之所以被联合国认为是片面的，其根本原因就在于掌握国家权力的少数白人故意设置障碍阻挠种族上的多数者，即黑人参与政府管理。[①]卡塞斯的这一观点也得到了其他学者的支持。[②]

上述“保留条款”在很大程度上也被后续的国际文书所继承，特别是1993年联合国大会世界人权会议通过的《维也纳宣言和行动纲领》（Vienna Declaration and Programme of Action）第1部分第2条第3款：[③]

> 根据《关于各国依联合国宪章建立友好关系及合作之国际法原则宣言》，这不得被解释为授权或鼓励采取任何行动去全面或局部地解散或侵犯主权和独立国家的领土完整或政治统一，只要这些主权和独立国家是遵从平等权利和民族自决的原则行事，因而拥有一个代表无区别地属于领土内的全体人民的政府。

---

① 卡塞斯认为，这可能违背了以独立建国的方式行使“外部自决权”的一项必要条件——多数人统治（majority rule）。他在此特别援引了1975年美国代表致联合国大会第三委员会函件的相关语句，参见 *Self-Determination of Peoples*, p. 121。

② See, for instance, Michla Pomerance, *Self-Determination in Law and Practice: The New Doctrine in the United Nations* (Springer, 1982), p. 39.

③ UNGA, “Vienna Declaration and Programme of Action,” A/CONF.157/23 (12 July 1993), undocs.org/A/CONF.157/23, p. 3.

如果说“保留条款”中关于政府代表性的措辞尚属模棱两可，那么以上加着重号的语句似乎更明显地为国家领土完整不受侵犯的权利附加了条件，进而引出了当今国际法学界关于上述“保留条款”的另一大争论——该条款是否在事实上赋予了对争取“内部自决”的种族或民族团体的最后救济措施，即“救济性分离”（remedial secession）。这一解读因直接涉及国家主权和领土完整原则而饱受争议。本书第四章将对该问题做更详细的分析与探讨。

总体而言，笔者认为，种族主义政权统治之下的人民享有自决权的结论是可以接受的，这一结论已得到包括《不容干涉和干预别国内政宣言》在内的若干联合国软法性文件的支持。① 卡塞斯等学者没有明确回答的问题是：这种自决权合法性的源头在哪里？在笔者看来，这个问题其实不难解答。南罗得西亚、南非和西南非洲（纳米比亚）等典型案例并不是纯粹的一国之内政，这些国家的白人种族主义政权从本质上来说是殖民统治的某种延续。也就是说，倘若真如卡塞斯所言，这些国家黑人团体的长期斗争是在践行自决权的话，我们也可以将这种自决解读为非殖民化斗争的继续，而非一般意义上后非殖民化时期的“内部自决”，这恐怕才是

① See UNGA, “Declaration on the Inadmissibility of Intervention and Interference in the Internal Affairs of States,” A/RES/36/103 (9 December 1981), undocs.org/A/RES/36/103, Preamble & Article 4. See also General Assembly Resolution 3411 (XXX) of 28 November 1975, https://documents-dds-ny.un.org/doc/RESOLUTION/GEN/NR0/001/24/IMG/NR000124.pdf?OpenElement, parts B, C, D, F & G.

国际社会为何对于种族隔离行为涉嫌侵害相关人民的自决权一事存在相当程度共识的真正原因。

5.《发展权利宣言》

发展权和自决权一样是得到国际社会大多数成员承认的集体人权。1986 年联大通过第 41/128 号决议，即《发展权利宣言》。该宣言第 1 条第 2 款明确指出："人的发展权利意味着充分实现民族自决权，包括在关于人权的两项国际盟约有关规定的限制下对他们的所有自然资源和财富行使不可剥夺的完全主权。"笔者认为，尽管在这一表述中我们无法确定其所指的"自决"的适用主体和范围，但倘若将其与该宣言第 5 条的内容结合起来解读的话可能就不一样了。[1]

> 各国应采取坚决步骤，消除大规模公然侵犯受到下列情况影响的各国人民和个人人权的现象，这些情况是由于种族隔离、一切形式的种族主义和种族歧视、殖民主义、外国统治和占领、侵略、外国干涉和对国家主权、国家统一和领土完整的威胁、战争的威胁及拒绝承认民族自决的基本权利等造成的。

我们很容易看出，在"拒绝承认民族自决的基本权利"之前罗列的可造成大规模侵犯人权的情况，基本都是殖民统

① UNGA, "Declaration on the Right to Development," A/RES/41/128 (4 December 1986), http://www.un.org/documents/ga/res/41/a41r128.htm.

治和外国干涉造成的恶果，本质上仍然没有脱离非殖民化语境。更何况，当时已经开始鼓吹“内部自决”的西方国家政界和学界本身就对发展权有所质疑。基于这两点考虑，笔者倾向于认为，至少在《发展权利宣言》起草和通过之时，“内部自决”和发展权之间还缺少必然的联系。当然，本条款对种族隔离、种族主义和种族歧视的提及，在某种程度上或可视为对《国际法原则宣言》“保留条款”的继承。

6.《联合国土著人民权利宣言》

目前为止唯一明确包含与“内部自决”相关内容的国际文件，当属2007年联大通过的《联合国土著人民权利宣言》（UNDRIP，简称《土著人民权利宣言》）。1982年，联合国经社理事会成立土著人口工作组以制定保护土著人的一系列最低标准。1994年，工作组向联合国人权委员会防止歧视及保护少数小组委员会（即“促进与保护人权小组委员会”前身）提交了宣言的首份草案。人权委员会于1995年3月通过决议，成立一个无限期常设工作组负责审议该草案。经过长时间的工作、讨论与博弈，2006年6月，联合国人权理事会通过了宣言草案。次年9月，联大第61届会议终于以压倒性多数[①]通过了第61/295号决议，即宣言的最终定稿。

可以说，对土著人民自决权的承诺是宣言的核心内容。

---

① 投票结果为143票赞成、4票反对、11票弃权、34国未投票。投反对票的国家为美国、加拿大、澳大利亚和新西兰。

序言第 16、17 段重申了所有民族享有自决权的事实与重要性，正文第 3、4 条则直接规定了土著人民享有自决权及其行使自决权的基本形式：①

> 第 3 条
>
> 土著人民享有自决权。基于这一权利，他们可自由决定自己的政治地位，自由谋求自身的经济、社会和文化发展。
>
> 第 4 条
>
> 土著人民行使其自决权时，在涉及其内部和地方事务的事项上，以及在如何筹集经费以行使自治职能的问题上，享有自主权或自治权。

少数者及土著人权利专家亚莉桑德拉·赞塔奇（Alexandra Xanthaki）教授指出，宣言第 5、18、19、34 条的相关内容也与自决权有关：②

> 第 5 条
>
> 土著人民有权维持和加强其特有的政治、法律、经济、社会和文化机构，同时保有根据自己意愿充分

---

① UNGA, "United Nations Declaration on the Rights of Indigenous Peoples (UNDRIP), A/RES/61/295 (13 September 2007)," undocs.org/A/RES/61/295, p. 4.

② See *UNDRIP*, pp. 4, 6 & 9; Alexandra Xanthaki, *Indigenous Rights and United Nations Standards: Self-Determination, Culture and Land* (Cambridge University Press, 2007), pp. 111-112.

参与国家政治、经济、社会和文化生活的权利。

…………

第 18 条

土著人民有权通过他们按自己的程序选出的代表，参与对事关自身权利的事务的决策，有权保持和发展自己的土著人决策机构。

第 19 条

各国在通过和实行可能影响到土著人民的立法或行政措施前，应本着诚意，通过土著人民自己的代表机构，与有关的土著人民协商和合作，事先征得他们的自由知情同意。

…………

第 34 条

土著人民有权根据国际人权标准，促进、发展和保持其机构构架及其独特的习俗、精神观、传统、程序、做法，以及原有的（如果有的话）司法制度或习惯。

除此之外，根据“人权两公约”共同第1条第2款的精神，以及第 8、26、27、28、29、30、32 条涉及土著人民对其祖先土地及资源的所有权和处置权，而第 36、37 条则涉及土著人民一定的国际合作权限（与被国境分隔的同族人或其他部族开展跨国发展合作的权利，以及与各国签订的条约、协定和其他建设性安排得到所在国政府承认、遵守和执行的权利），[①] 也可被视为同自决权相关的内容。

可见，宣言已为土著人民自决权的实现设想了一个较为完整和全面的体系架构。尽管围绕土著人民自决权保障机制的具体实施，至今尚未产生任何具有法律约束力的条约或其他法律文本，土著人民在其所居住国家内享有自决权的理念已基本得以确立。20 世纪 90 年代末，白桂梅教授曾预言，在主权国家与土著人之间围绕后者是否享有自决权和什么内容的自决权问题的辩论将持续下去。[②] 而在宣言面世已经十余年的当下，当初投票反对联大通过宣言的澳大利亚（2009 年 4 月）、新西兰（2010 年 4 月）、美国（2010 年 12 月）和加拿大（2016 年 5 月）四国政府都已陆续转变立场，在公开场合表达了对宣言的支持。鉴于这一事实，尽管宣言表面上是没有法律约束力的软法性文件，我们仍有理由认为围绕土著人民自决权的法律确信正在形成或已接近形成，宣言的造法意义不容忽视。[③] 笔者认为，至少在文本层面上，土

---

① See *UNDRIP*, pp. 8-10.

② 白桂梅：《国际法上的自决》，第 146 页。

③ 联合国大会决议的法律效力一直是一个富有争议的问题，笔者认为以下观点值得参考：（1）联大决议可能由于提供了国家实践的证据而有助于创设新的习惯法规则或巩固既有的习惯法规则（如《世界人权宣言》）；（2）联大决议可能对投赞成票（甚至弃权票）的国家施以"禁止反言"的压力；（3）直接受某决议影响的国家投票反对该决议，可能给相关法律确信的确立造成障碍。参见詹宁斯、瓦茨修订：《奥本海国际法》（第一卷第一分册），王铁崖等译，中国大百科全书出版社，1995，第 75 页。关于第三点，笔者认为亦可进行反向解读：倘若直接受某决议内容影响的国家也投票赞成决议通过，或倘若有国家投票时表示反对、决议通过后又声明支持决议内容的，该决议就基本具备了体现某种法律确信的条件。《土著人民权利宣言》即符合这一情形：其直接影响的主要国家中，芬兰、挪威和瑞典在表决时即投了赞成票，投反对票的美国、加拿大、澳大利亚和新西兰事后数年间也陆续对决议内容表达了支持。

著人民“是否享有”自决权已不再是个问题，真正的困惑恐怕只剩下了土著人民究竟享有“什么内容”的自决权。关于这个问题，笔者将在后文中尝试做更具体的辨析。

（三）其他国际文书

除了上述条约和决议之外，涉及自决的最重要的文件之一无疑是1975年8月欧洲安全与合作会议上通过的《欧洲安全与合作会议最后文件》，其中最重要的一部分就是《关于指导与会国关系原则的宣言》（简称《赫尔辛基宣言》）。与自决权直接相关的内容出现在《赫尔辛基宣言》公布的十项与会国关系原则中的第八项——平等和民族自决（Equal rights and self-determination of peoples）当中：①

> 根据平等和民族自决原则，各民族始终有权在他们愿意的时候，依照其意愿，在没有外来干涉的情况下，完全自由地决定他们的内外政治地位，并实现政治、经济、社会和文化的发展。

上述表述的重点无疑在于对“内外政治地位”的解读。卡塞斯教授指出，这正是该文件试图扩大自决概念的证据，这主要是为了适用于当时的民主德国与联邦德国和北爱尔

① Organization for Security and Co-operation in Europe (OSCE), *Conference on Security and Co-operation in Europe Final Act* (1975), https://www.osce.org/helsinki-final-act?download=true, p. 7.

兰等地以及一国内部种族和语言少数者的情形。① 白桂梅教授也认为，这样的表述说明《赫尔辛基宣言》“侧重于所谓内部自决”。② 当然也有学者对此表示了谨慎的异议，比如赫斯特·汉南姆（Hurst Hannum）教授就认为，解读这句话应当将侧重点放在“在没有外来干涉的情况下”，因此这条原则的核心内容应当是一国人民在选择其政府形式方面不受外来干预的权利。③ 可见，《赫尔辛基宣言》虽然可能触及了“内部自决”的一角，但总体而言仍持犹抱琵琶半遮面的态度。

最后，值得注意的是，在冷战结束前后，一些联合国机构及专家却曾在相关文本中对“内部自决”一词有过明确的提及。1989 年，联合国教科文组织在巴黎总部召开了“关于进一步研究人民权利的国际专家会议”（International Meeting of Experts on Further Study of the Concept of the Rights of Peoples），此次会议发表的《最终报告与建议》提出，教科文组织应将其对人民权利的范畴延伸至某些新领域，包括“内部自决，特别是民主形式的政府”。④ 两年后，教科文组织在其提交给人权委员会防止歧视及保护少数小

---

① See Cassese, *Self-Determination of Peoples*, p. 94.

② 白桂梅：《国际法上的自决》，第 36 页。

③ See Hurst Hannum, “Self-Determination in the Post-Colonial Era,” in *Self-Determination: International Perspectives,* eds. Donald Clark and Robert Williamson (Palgrave Macmillan, 1996), p. 22.

④ See United Nations Educational, Scientific and Cultural Organization (UNESCO), *International Meeting of Experts on Further Study of the Concept of the Rights of Peoples: Final Report and Recommendations*, SHS-89/CONF.602/7 (22 February 1990), https://www.michaelkirby.com.au/images/stories/speeches/1980s/vol21/819-UNESCO_-_Rights_of_Peoples_Official_Report.pdf, para. 27(a).

组委员会的声明中再次明确指出，国际社会对自决的含义存在“正当的怀疑”（legitimate doubts）；自决并不是专属于前殖民地人民的权利，更不是“仅仅享受一次之后就永久失效的权利”。[①] 无独有偶，1993 年，联合国防止歧视及保护少数小组委员会第 45 次会议的初步报告中也提道，新独立国家建立共同国民认同的做法有可能“贬抑独特的人民与人群（distinct peoples and populations groups）的某些权利，包括合意授权、参政、内部自决或其他可能处于危险之中的人权”。[②] 笔者以为，这几份重要文件的相关内容或可被视为在《土著人民权利宣言》起草之前权威国际法学人对“内部自决”最重要的原则性表态，并在相当程度上影响了后非殖民化时期国际社会和学界对自决权概念的认知。

三、本章小结

一般意义上的自决脱胎于欧洲启蒙运动时期兴起的以“社会契约”“人民主权”等理念为特征的自然法、理性主义和自由主义思想，是近现代资产阶级、无产阶级民主革命

---

① UN doc. E/CN.4/Sub.2/1992/6, para. 3, cited by Patrick Thornberry, “The Democratic or Internal Aspect of Self-Determination with Some Remarks on Federalism,” in *Modern Law of Self Deterrnination, ed.* Tomuschat, p. 103.

② See Commission on Human Rights Sub-Commission on Prevention of Discrimination and Protection of Minorities, *The Realization of Economic, Social and Cultural Rights: The Human Rights Dimensions of Population Transfer, Including the Implantation of Settlers*, E/CN.4/Sub.2/1993/17 (2-27 August 1993), undocs.org/E/CN.4/Sub.2/1993/17, para. 57.

的理论基础之一；而作为国际法原则与权利的自决，一方面与作为国家间关系行为准则的不干涉原则有着天然联系，另一方面受到瓦泰尔在《国际法》中所阐述的不干涉的限制和例外因素影响，其与不干涉原则之间也存在一定的辩证统一关系。自决思想自诞生之初，就具有浓厚的西方自然法和理想主义色彩。从某种角度来说，这种理想主义也是自决在法律实践中时常陷于两难并导致“外部/内部自决”两分法出现的原因之一。

从实然国际法的角度来看，自决的历史并不算长。第一次世界大战后，东西方意识形态相互对立的两大阵营的代表人物列宁和威尔逊，以截然不同的理论基础几乎同时提出了作为战后新国际关系准则的自决的概念。第二次世界大战后，《联合国宪章》《给予殖民地国家和人民独立宣言》和《国际法原则宣言》等联合国文件夯实了自决作为国际法基本原则地位的基础，而1976年生效的“人权两公约”共同的第1条则标志着自决正式成为一项国际社会公认的集体人权。然而后来的实践也证明，自决的“人权化”固然在一方面反映了广大第三世界国家的心声，巩固了非殖民化运动的成果，另一方面却也为后非殖民化时期自决何去何从的争议埋下了伏笔。随着冷战的升级，曾经作为自决“人权化”主要反对力量的西方国家开始积极争夺包括自决权在内的人权的话语解释主导地位。而随着曾经作为推动战后自决在国际法上大发展的主要力量的东欧社会主义阵营的失败以及苏联、南斯拉夫的解体，一些地区极端民族主义、民族分离主义打着“自决”的旗号迎来了一个新的高潮，甚至直到今日仍然阴云不散。在这个复杂的背景下，“内部自决”理论应运而生且很快在国际法学界占据了一席之地。这一理论一方面是西方国际法学界长期积极地采用自身话语对作为国际法形式渊源、与自决相关的国际法律文件进行解读所取得的成果，反映了后非殖民化时期西方国家日渐主导国际人权议题的现实，另一方面也是非殖民化运动基本结束后世界诸多国家在分离主义威胁之下试图另辟蹊径，防止非殖民化运动确立的自决原则被分离势力滥用，借以维护国家统一与稳定的无奈之举。

由此可见，尽管学界褒贬不一，但“外部自决”与“内部自决”的两分法已经具备了相当的现实与理论基础。时至今日，在所有涉及自决原则及权利的国际法形式渊源当中，除了《土著人民权利宣言》之外，自决“人权化”进程中各方势力博弈的其他产物，特别是《国际法原则宣言》的“保留条款”，“人权两公约”共同第1条对自决权主体相对模糊的表述，以及直接规定或提及自决权的人权公约及其他国际文书的相关措辞，都给后非殖民化时期自决权解释的扩大化留下了空间。种种迹象表明，国际社会很难再对自决权适用于一国国内政治生态的可能性视而不见。作为基本人权之一，自决权在全球性和区域性人权保障机制的实践中也留下自己的印迹，“内部自决”也经历了一条从暗到明、从隐到现的曲折发展道路。关于这些内容，笔者将在下一章的论述中具体分析。

第二章 国际人权公约机制下的自决权实践观察

既然自决权是人权，就要对其在法理上的实践与争辩进行观察。最直观的观察场所当属国际人权公约机制所提供的平台。在现有的国际人权条约中，只有“人权两公约”与《非洲人权和民族权宪章》对自决权的保护载有明确的条款。此外，虽然《美洲人权公约》的文本中没有提及自决权，但美洲人权委员会与美洲人权法院在相关个案中也有援引自决权的实例。因此，本章的论述与分析，完全基于“人权两公约”机构以及非美两大洲人权条约机构、司法机构的相关实践。

一、“人权两公约”机制下关于自决权的实践

从理论上来说，鉴于《公民及政治权利国际公约》和《经济社会文化权利国际公约》第1条都通过书面形式相对明晰

地规定了人民自决权的要素，两公约的监督和执行机构——人权事务委员会（CCPR）和经济、社会与文化权利委员会（CESCR，简称“经社文委员会”）——机制下有关自决权的实践是最能够直观反映国际社会对自决权问题的看法与争议的。在本部分中，笔者将分别从“人权两公约”委员会和缔约国的视角出发，对自决权的含义及实施机制的变迁演进脉络进行分析梳理。

（一）公约委员会的态度

1．一般性意见

“一般性意见”（general comments）在很大程度上代表了公约委员会的基本立场。有关自决权的内容可见于人权事务委员会的三份一般性意见。

1984 年第二十一届会议发布的第 12 号一般性意见可被视作该委员会在自决权问题上的统摄性意见。意见首先明确了缔约国就《公民及政治权利国际公约》第 1 条（自决权）提供报告的义务，但提醒各缔约国其报告应涵盖第 1 条各款的内容而非仅限于选举法。[①] 委员会特别指出与非殖民化直接相关的第 3 款“特别重要”，且缔约国应注意“尤其不要

---

① See United Nations, *Human Rights Instruments: Volume Ⅰ — Compilation of General Comments and General Recommendations Adopted by Human Rights Treaty Bodies*, HRI/GEN/1/Rev.9 (Vol. Ⅰ) (27 May 2008), undocs.org/HRI/GEN/1/Rev.9(Vol. Ⅰ, p. 183.

干预其他国家的内政”。[①] 时值20世纪80年代中期，委员会的这些意见可以说体现了其对非殖民化问题的特别关注。

该委员会的另两份一般性意见同样针对自决权问题提供了重要参考。1994年第五十届会议上发布的第23号意见（关于第27条）第2段对人民自决权与少数者权利进行了严格区分，指出一些在《公民和政治权利国际公约第一任择议定书》机制下提交的个案来文中“受到第27条保护的权利已经同《公约》第1条中所宣示的人民自决权利混淆了”。[②] 两年后的第五十七届会议上发布的第25号意见（关于第25条）第2段则重申，第1条第1款所述之“人民有权自由确定其政治地位，享有选择其宪法或政府的形式的权利”作为集体权利，不可等同于第25条所规定之个人参与公共事务的权利，且涉及后者的案例可依据《公民和政治权利国际公约第一任择议定书》提出申请。[③] 通过前文对缔约国报告文

---

① See United Nations, *Human Rights Instruments: Volume Ⅰ — Compilation of General Comments and General Recommendations Adopted by Human Rights Treaty Bodies*, HRI/GEN/1/Rev.9 (Vol. Ⅰ) (27 May 2008), undocs.org/HRI/GEN/1/Rev.9(Vol. Ⅰ), pp. 183-184.

② 第2段内容承接第1段的相关说明，即第27条“规定并确认了赋予属于少数群体的个人的权利，这种权利有别于人人已经能够根据《公约》享受的一切其他权利，并且自我排除在其之外”。See United Nations, *Human Rights Instruments: Volume Ⅰ — Compilation of General Comments and General Recommendations Adopted by Human Rights Treaty Bodies*, HRI/GEN/1/Rev.9 (Vol. I) (27 May 2008), undocs.org/HRI/GEN/1/Rev.9(Vol. Ⅰ), p. 207.

③ See United Nations, *Human Rights Instruments: Volume Ⅰ — Compilation of General Comments and General Recommendations Adopted by Human Rights Treaty Bodies*, HRI/GEN/1/Rev.9 (Vol. Ⅰ) (27 May 2008), undocs.org/HRI/GEN/1/Rev.9(Vol. Ⅰ), p. 217.

本内容的分析可以看出，上述一般性意见中提出的问题，似乎并未得到所有缔约国的足够重视，但必须承认的是，上述一般性意见主要针对的是公约任择议定书所确立的个人来文机制，而非国家报告机制。

2．针对缔约国报告的问题和意见

从笔者所查阅的“人权两公约”委员会最近针对缔约国报告所提出的问题清单（list of issues）和结论性意见（concluding observations）的文本来看，两大委员会针对自决权问题的反馈似乎并不积极。① 不过总体而言，我们大致还是能够厘清“人权两公约”委员会当下的一些基本思路。首先，自决权的发展方面越发得到重视，这一问题甚至得到了一般而言并不特别强调经社文问题的人权事务委员会的关注。② 其次，传统语境下反对殖民统治与外国军事压迫的权利仍然为“人权两公约”委员会所关注，如巴勒斯坦问题与西撒哈拉问题等。③ 最后，土著人民权利问题已成为委员

---

① 在笔者所选取的全球各大洲共 53 个缔约国当中，最近一次收到两大委员会关于自决权的问题清单的只有 14 个国家，收到委员会相关结论性意见的只有 11 个国家。此外，这些反馈绝大多数出自经社文委员会而非人权事务委员会。

② See Human Rights Committee (CCPR), *Consideration of Reports Submitted by States Parties under Article 40 of the Covenant: List of issues to be taken up in connection with the consideration of the second periodic report of Brazil (CCPR/C/BRA/2004/2)*, CCPR/C/85/L/BRA (25 July 2005), undocs.org/CCPR/C/85/L/BRA, para. 1.

③ See, e.g., CCPR, *Concluding Observations on the Fourth Periodic Report of Israel*, CCPR/C/ISR/CO/4 (21 November 2014), undocs.org/CCPR/C/ISR/CO/4, para. 17; Committee of Economic, Social and Cultural Rights (ECOSOC), *Concluding Observations on the Fourth Periodic Report of Morocco*, E/C.12/MAR/CO/4 (22 October 2015), undocs.org/E/C.12/MAR/CO/4, paras. 5-6; etc.

会关注的重点，[①] 特别是土著人民的土地和自然资源权利问题，而且根据委员会的意见，这一权利的主体并非没有扩大的可能性。[②] 尤其值得注意的是，人权事务委员会在 20 世纪 90 年代对阿塞拜疆政府提交报告的审议意见中曾明确提出，将自决权主体限定为殖民地人民的做法是不正确的。[③]

3．公约任择议定书以及针对个案的处理

国际人权条约的任择议定书通常是条约委员会受理人权案件个人或群体来文的依据。在关于自决权的问题下，“人权两公约”委员会对相关个人来文所采取的立场却基本上是对立的。20 世纪末，人权事务委员会在处理数件个人来文案件时，曾明确指出《公民和政治权利国际公约第一任择议定书》（简称《第一议定书》）第 1 条所述“该（缔约）国管辖下的个人”意味着该条款仅适用于公约所保护的个人权

① 值得注意的是，有学者认为自决权的文化和社会层面并不为经社文委员会所重视，但涉及土著人民的情形则是重要的例外。See Ben Saul, David Kinley, and Jacqueline Mowbray, *The International Covenant on Economic, Social and Cultural Rights: Commentary, Cases and Materials* (Oxford University Press, 2014), p. 22.

② 和土著人民一样，有些具有文化和社会组织特殊性的少数民族，同样早已与祖先的土地建立起了牢固的纽带，从理论上其实很难将他们与土著人民完全区分开来，譬如库尔德人等。See ECOSOC, Concluding Observations on the Fourth Periodic Report of Iraq, E/C.12/IRQ/CO/4 (27 October 2015), undocs.org/E/C.12/IRQ/CO/4, para. 13.

③ See CCPR, *Consideration of Reports Submitted by States Parties under Article 40 of the Covenant: Comments of the Human Rights Committee — Azerbaijan*, CCPR/C/79/Add.8 (3 August 1994), undocs.org/CCPR/C/79/Add.8, para. 5.

利案件而不包括自决权。[①] 尽管在其中稍早的“米克马克案”中，该委员会还同时提出该案申诉人不能证明其为所属部落团体的合法代表，看似为将自决权案件纳入个人来文机制留下了余地，但在后来的“卢比康湖队群案”“柯林顿印第安部落诉加拿大”“新教徒岛民诉哥伦比亚”“毛利部落诉新西兰”和“巴斯特社群诉纳米比亚”等个人来文案件的审查和裁决中，委员会均未再引用类似的措辞，[②] 基本可以确信其对《公民和政治权利国际公约第一任择议定书》第 1 条适用范畴的态度没有任何改变。值得注意的是，在上述案例中，人权事务委员会从未直接否定当事人代表的团体享有“内部自决权”这一事实，仅仅通过适用《第一议定书》第 1 条的规定申明相关问题超出委员会管辖权限的途径回避了实体

① See *The Mikmaq Tribal Society (A. D.) v. Canada, Communication No. 78/1980 (30 September 1980)*, U.N. Doc. Supp. No. 40 (A/39/40) at 200 (1984), http://hrlibrary.umn.edu/undocs/session39/78-1980.htm, para. 8.2; *Lubicon Lake Band v. Canada, Communication No. 167/1984 (26 March 1990),* U.N. Doc. Supp. No. 40 (A/45/40) (1990), http://hrlibrary.umn.edu/undocs/session45/167-1984.htm, para. 13.3; *R. L. et al. v. Canada, Communication No. 358/1989*, U.N. Doc. CCPR/C/43/D/358/1989 (1991), http://hrlibrary.umn.edu/undocs/html/dec358.htm, para. 6.2; *Apirana Mahuika et al. v. New Zealand, Communication No. 547/1993*, U.N. Doc. CCPR/C/70/D/547/1993 (2000), http://hrlibrary.umn.edu/undocs/547-1993.html, para. 9.2; *E. P. et al. v. Colombia, Communication No. 318/1988*, U.N. Doc. CCPR/C/39/D/318/1988 (1990), http://hrlibrary.umn.edu/undocs/session39/318-1988.html, para. 8.2; *J.G.A. Diergaardt (late Captain of the Rehoboth Baster Community) et al. v. Namibia, Communication No. 760/1997*, U.N. Doc. CCPR/C/69/D/760/1997 (2000), http://hrlibrary.umn.edu/undocs/session69/view760.htm, para. 10.3.

② 关于“米克马克案”的结论性意见，笔者赞同诺瓦克教授的见解，即人权事务委员会既然已经就该案是否适用《公民和政治权利国际公约第一任择议定书》这一问题做出了否定的回答，再就申诉人部落代表权的问题做出评论就显得毫无必要，尽管这一评论在事实上承认了该土著部落“人民”的身份。See Nowak, *UNCOvenant oncivil and Political Rights*. para. 25, p. 18.

性问题。[①]

虽然自决权不属于第一议定书所规定的“可诉性权利”，但这并不意味着人权事务委员会在处理个人来文时总会选择回避关于自决权的讨论。相反地，在处理案由为公约所规定的某些个人权利的个案时，只要案情于自决权有所牵涉，委员会也有可能参考公约第 1 条的相关内容进行考量，如 2002 年审结的“吉洛诉法国案”（Gillot et al v. France）。本案申诉人为居住在法属海外领地新喀里多尼亚的法裔居民，他们抗议法国政府在 1998 年事关喀里多尼亚未来地位的全民公决中对他们的投票资格进行了歧视性的限制。委员会认为，本案因涉及自决问题，须参照公约第 1 条的相关内容，考量申诉人与该领土的联系，最终认定法国政府所做的选民资格限制并不违反公约第 2、25 和 26 条的相关规定。[②] 可见，本案中委员会实质上对自决权的主体或持有者问题在一定程度上做了辨析。

相比之下，经社文委员会则在自决权问题上采取了相对更加积极的立场。尽管该委员会至今尚未处理过任何涉及自决权的个人或群体来文案件，但 2013 年 5 月正式生效的

---

① 不过，在“毛利案”和“巴斯特社群案”中，委员会同时提出，尽管申诉人所在社群是否构成享有自决权的“人民”一事并非本案须解决的问题，但公约第 1 条的规定与对其他条款所保护的权利内容的解释存在关联，特别是第 25、26、27 条。See *Apirana Mahuika et al. v. New Zealcomd*, para. 9.2, and *Diergaardt*, para. 10.3.

② See *Ms. Marie-Hélène Gillot et al v. France*, *Communication No. 932/2000*, U.N. Doc. A/57/40 at 270 (2002), http://hrlibrary.umn.edu/undocs/932-2000.html.

《经社文权利公约任择议定书》第2条明确规定《经济社会文化权利国际公约》所保护的所有权利，包括自决权在内，都应纳入任择议定书的个人或由个人组成的团体(individuals or groups of individuals) 来文机制。通过对该任择议定书起草过程的回顾，笔者认为尽管目前相关个人或联名个人来文暂时欠奉，经社文委员会对自决权与任择议定书之间关系的基本态度已然十分明确。① 不过，该委员会仅将议定书机制下的自决权适用维度限定在这一权利的经济、社会和文化层面。因此一些学者认为，这可能要求相关案件来文必须明确指出自决权受到侵害的部分是如何与《经济社会文化权利国际公约》所保护的特定权利（例如食品权和健康权等）相联系的，② 而这种设计也有助于避免经社文委员会陷入和人权

① 围绕是否将自决权问题纳入任择议定书个案来文机制的辩论贯穿整个议定书起草过程。1995年1月在荷兰乌特勒支召开的专家组会议上，一些与会者主张排除对自决权案件的适用以吸引更多缔约国。乌彭德拉·巴克西（Upendra Baxi）教授针对这一观点指出，“割裂”（rupture）公约所规定之权利整体性的做法是错误的，并最终得到专家组的附议。See Rochus Pronk, "Toward an Optional Protocol to the International Covenant on Economic, Social and Cultural Rights," *Human Rights Brief* 2, Issue 3 (1995): 19. 后来，由于俄罗斯、美国、印度和澳大利亚等国坚持自决权作为一种政治性的“自治权利”（autonomous right）不应被经社文委员会所援引，议定书起草工作组在其2008年5月提交的草案中一度排除了对自决权案件的适用。但就在联合国人权理事会通过该草案前夕，在阿尔及利亚和巴基斯坦等国的努力下，该草案最终峰回路转，将包括自决权在内的所有《经济社会文化权利国际公约》权利纳入了议定书机制。See Irene Biglino and Christophe Golay, *Academy In-Brief No.2: The Optional Protocol to the International Covenant on Economic, Social and Cultural Rights* (Geneva Academy of International Humanitarian Law and Human Rights, 2013), pp. 8-9.

② 关于这一点，有学者认为，经社文委员会有可能采取与“巴斯特社群案”中人权事务委员会做法相类似的路径。See Saul, Kinley, and Mowbray, *The International Covernant on Economic,Social and Cultural Rights*, p. 24.

事务委员会一样的困境，即不得不反复纠缠于有关自决权是否适用于任择议定书机制的争论。[①] 然而此举能在多大程度上保障自决权的实现，恐怕唯有等待实践的检验了。

（二）缔约国履约报告所反映的国家态度

权利的实施有赖于监督，而所有核心人权条约均规定了唯一的强制性监督程序，即缔约国报告制度。《公民及政治权利国际公约》第 40、41 条及《经济社会文化权利国际公约》第 16、17 条均对缔约国的报告义务与程序做出了相关规定。[②] 从缔约国向委员会递交的定期报告中，各国对于“人权两公约”第 1 条自决权的理解与贯彻情况可见一斑。

1. 欧洲前殖民地宗主国

在二战结束后相当长的一段时间里，特别是在非殖民

---

① See Christian Courtis, *Commentary on the Optional Protocol to the International Covenant on Economic, Social and Cultural Rights* (Inter-American Institute of Human Rights/International Commission of Jurists, 2009), pp. 42-43.

② 本书所参考的相关报告文本资料来源为：联合国人权事务高级专员办事处官网《公民及政治权利国际公约》报告数据库（http://www.ohchr.org/EN/HRBodies/CCPR/Pages/CCPRIndex.aspx），《经济社会文化权利国际公约》报告数据库（http://www.ohchr.org/EN/HRBodies/ECOSOC/Pages/ECOSOCIndex.aspx），以及国家人权一般核心文件（common core documents）数据库（http://tbinternet.ohchr.org/_layouts/TreatyBodyExternal/CoreDocuments.aspx）。《公民及政治权利国际公约》第 40 条与《经济社会文化权利国际公约》第 17 条均规定缔约国有义务在公约对其生效 1 年内向委员会提交首次报告。然而在实践中，各国政府在起草和提交报告时却时常出于各种理由多方拖延甚至有可能不了了之。用诺瓦克教授的话说，“很少有政府不辞麻烦对其国内的人权形势进行认真而全面的评估”，“起草报告被视为一种冗余的义务”。参见曼弗雷德·诺瓦克：《国际人权制度导论》，柳华文译，北京大学出版社，2010，第 94 页。凡此种种限制，再加上此类书面文件数字化过程当中可能出现的种种问题，不能排除笔者目前所掌握的“人权两公约”国家报告文件资料存在不全或缺失等问题的可能性。

化运动方兴未艾之时，西方国家曾百般阻挠将自决权写入国际人权条约。不过随着非殖民化大势日趋明朗，包括前殖民地宗主国在内的西方国家也不得不顺应潮流，陆续签署并通过了“人权两公约”。[①]笔者目前所掌握的国家报告记录显示，在所有前殖民地宗主国中，葡萄牙、英国、法国与荷兰在尊重和维护其前殖民地人民的自决权方面的态度似乎一贯较为积极。

以葡萄牙为例。从 20 世纪 90 年代到 2011 年，葡方在其递交给“人权两公约”委员会的报告中均以大篇幅详细介绍了其在推动前殖民地人民行使自决权中所做出的努力。早在 1994 年提交给经社文委员会的第二轮定期报告中，葡方便提及其尊重东帝汶等托管领土人民的自决权。[②]而在 1997 年提交的第三轮定期报告中，葡萄牙进一步通过第二章“其他重要举措”（Other Important Measures）第 A 节（人民自决权，报告全文第 12—14 段）全文从头至尾阐述了其帮助东帝汶人民行使自决权所做出的各种努力。第 13 段写道，

---

① 本书所述之前殖民地宗主国包括英国、法国、西班牙、葡萄牙、荷兰和比利时六国。其中，最早通过“人权两公约”的国家是英国（1976 年 5 月），最迟通过的是比利时（1983 年 4 月）。详见联合国人权高专办官网“人权条约通过状况动态盘”（Status of Ratification Interactive Dashboard），http://indicators.ohchr.org。尽管其他国家（如美国）也曾拥有海外殖民地，但一般来说其并不属于传统殖民列强之列。

② See UN Economic and Social Council (ECOSOC), *Implementation of the International Covenant on Economic, Social and Cultural Rights: Second periodic reports submitted by States parties under articles 16 and 17 of the Covenant (Addendum) — Portugal*, E/1990/6/Add.6 (22 July 1994), undocs.org/E/1990/6/Add.6, para. 11.

葡政府的东帝汶政策“旨在为自由行使自决的权利创造条件及缓解东帝汶人民的痛苦”。[①] 在第14段中，葡方又通过回顾其在国际法院发起的“东帝汶案”（葡萄牙诉澳大利亚）始末，力证其尊重和维护东帝汶人民自决权的决心与诚意。[②] 2002年东帝汶独立后，葡方即在其当年6月提交给人权事务委员会的第三轮定期报告中详细回顾了其同国际社会合作最终促成东帝汶建国的始末。[③] 九年后，在其提交给经社文委员会的第四轮定期报告中，葡方更力陈其帮助包括东帝汶、莫桑比克、几内亚比绍等前殖民地国家推行警察和司法等部门的改革，努力“在联合国框架下捍卫所有国家的自决权并依据国际法规范其行为”。[④] 通过葡萄牙提交的报告，可见其对自决权问题的陈述大体上并未脱离非殖民化语境。[⑤]

---

① See UN Economic and Social Council (ECOSOC), *Implementation of the International Covenant on Economic, Social and Cultural Rights: Second periodic reports submitted by States parties under articles 16 and 17 of the Covenant (Addendum) — Portugal*, E/1990/6/Add.6 (22 July 1994), undocs.org/E/1990/6/ para. 13.

② See UN Economic and Social Council (ECOSOC), *Implementation of the International Covenant on Economic, Social and Cultural Rights: Second periodic reports submitted by States parties under articles 16 and 17 of the Covenant (Addendum) — Portugal*, E/1990/6/Add.6 (22 July 1994), undocs.org/E/1990/6/ para. 14.

③ See CCPR, *Consideration of Reports Submitted States Parties under Article 40 of the Covenant: Third periodic report — Portugal*, CCPR/C/PRT/2002/3 (6 June 2002), undocs.org/CCPR/C/PRT/2002/3, paras. 1.5-1.13.

④ See ECOSOC, *Implementation of the International Covenant on Economic, Social and Cultural Rights: Fourth periodic reports submitted by States parties under articles 16 and 17 of the Covenant — Portugal*, E/C.12/PRT/4 (8 March 2013), undocs.org/E/C.12/PRT/4, paras. 1-7.

⑤ 这有可能也与前葡属殖民地直到20世纪末才基本完成非殖民化进程有关——同其他前殖民国家相比，葡萄牙在这方面明显承受了更大的国际压力。

相较之下，英国、法国与荷兰的情况和葡萄牙相近但又有所不同。首先，这三国目前仍拥有大量尚未取得独立主权的海外领地（overseas territories）或“构成国”（constituent country）①。荷兰 1995 年提交的一般核心文件及 2000 年提交给人权事务委员会的第三轮定期报告中，均将荷属安的列斯和阿鲁巴两个“构成国”人民的自决权行使情况作为该国履行其尊重人民自决权义务的重点，包括对这两块属地的历史、政府构成和运作机制及其人民依据专门协调荷兰本土与海外领土关系的《荷兰王国宪章》（Charter for the Kingdom of the Netherlands）所享有的自治权利等内容的介绍。除此之外，对于这两块属地上人民采用公民投票的方式自由决定其未来政治地位（包括独立的选项）的情况，报告中也做了详细的描述。②

而对于殖民时期势力首屈一指的英法两国而言，其所面临的自决压力不仅来自广大的前海外殖民地，还来自其

---

① 大致上，“构成国”泛指那些作为更大的政治实体（political entity，如主权国家）的组成部分的政治实体。目前，“构成国”并没有统一的法律定义，例如在本书中，它可以指类似荷属安的列斯和阿鲁巴那样的前海外殖民地，也可以指威尔士、苏格兰和北爱尔兰等拥有自治或半自治地位的国内领地。

② 2010 年，荷属安的列斯正式宣告解体。根据《荷兰王国宪章》修正案，原属该实体的库拉索和荷属圣马丁同 1986 年即脱离该实体的阿鲁巴一起成为荷兰王国目前的三个“构成国”，博奈尔、圣尤斯特歇斯和萨巴三个岛屿则分别成为王国的“特别市”（special municipalities）。关于上述五部分领土未来地位的公民投票始于 2000 年 6 月（荷属圣马丁），结束于 2005 年 4 月（库拉索和圣尤斯特歇斯）。See CCPR, *Consideration of Reports Submitted by States Parties under Article 40 of the Covenant (Addendum) — Antilles*, CCPR/C/NET/4/Add.2 (16 January 2008), undocs.org/CCPR/C/NET/4/Add.2, para. 11.

他已经超越了非殖民化范畴的更为复杂的问题。以英国为例，我们不难梳理该国报告中自决权适用范围扩大的线索。1977 年英方提交给人权事务委员会的首份报告中，仅仅提到大多数在《公民及政治权利国际公约》起草之时仍处于非自主状态的英属海外领土已宣告独立并加入了联合国。[①] 而在 1994 年的第四轮定期报告中，英方在自决权部分的陈述则几乎通篇围绕北爱尔兰和平进程展开。以此为基础，英方在 1999 年的报告中在自决权部分新增了题为“权力下放”（Devolution）的分段，专门介绍威尔士、苏格兰和北爱尔兰三大“构成国”的自治权改革进展。[②] 此后，在 2007 年和 2012 年的第六、七轮报告中，英方都沿袭了这一实践，基本上将公约所规定之自决权的适用对象固定为三个部分，即英国本土构成国、皇家属地（Crown Dependencies）[③] 和海外领地 [④]。与荷兰不同的是，英国在

---

① See CCPR, *Consideration of Reports Submitted by States Parties under Article 40 of the Covenant: Initial reports of States parties due in 1977 (Addendum) – United Kingdom of Great Britain and Northern Ireland*, CCPR/C/1/Add.17 (21 August 1977), undocs.org/CCPR/C/1/Add.17, p. 2.

② See CCPR, *Consideration of Reports Submitted by States Parties under Article 40 of the Covenant (Addendum) – United Kingdom of Great Britain and Northern Ireland*, CCPR/C/UK/99/5 (11 October 1999), undocs.org/CCPR/C/UK/99/5, paras. 11-17.

③ “皇家属地”也可译为“王冠属地”，包括位于英吉利海峡的泽西岛和根西岛（统称“海峡群岛”），以及爱尔兰海的马恩岛。它们各自拥有独立的司法与立法管辖权，不受英国法律的约束。但除此之外，它们并非主权国家。

④ 英国目前共有 14 个海外领地，即安圭拉、百慕大、英属南极领地、英属印度洋领地、英属维尔京群岛、开曼群岛、福克兰群岛（阿根廷称马尔维纳斯群岛）、直布罗陀、蒙特塞拉特、皮特凯恩群岛、圣赫勒拿（包括阿森松和特里斯坦-达库尼亚）、南乔治亚岛和南桑威奇群岛、阿克罗蒂里和德凯利亚，以及特克斯和凯科斯群岛，其中英属南极未被国际社会认可。

阐述其自治领土人民行使自决权一事时，仍着重强调其为联合王国一部分的事实，并不鼓励和支持这些地区采取更为激进的做法。[①]

历史上殖民势力范围仅次于英国的法国，在其提交给“人权两公约”委员会的报告中所体现的对自决权的态度大致相似，不过也有所不同。首先，和英国一样，法国在南太平洋、印度洋和拉丁美洲也拥有大量海外领土。[②] 在 1996 年和 2012 年提交给人权事务委员会的报告以及 2000 年提交给经社文委员会的报告中，法方均将自决权实施的重点落笔于

---

① 在 1994 年和 1999 年提交给人权事务委员会的报告中，英方对其自决权政策的表述基本一致，即“促进联合王国附属领地的自治与独立，在联合国支持对自决权的保护及其在英国本土内部的行使”。但值得注意的是，1999 年报告的措辞将“附属领地”改成了“海外领地（过去称‘附属领地’）”，同时删除了“（海外领地的）独立”一词，仅保留了“自治”。See CCPR, *Consideration of Reports Submitted by States Parties under Article 40 of the Covenant: Fourth periodic reports of States parties due in 1994 (Addendum) — United Kingdom of Great Britain and Northern Ireland*, CCPR/C/95/Add.3 (19 December 1994), undocs.org/CCPR/C/95/Add.3, para. 12; AND *Consideration of Reports Submitted by States Parties under Article 40 of the Covenant (Addendum) — The United Kingdom of Great Britain and Northern Ireland*, CCPR/C/UK/99/5 (11 April 2000), undocs.org/CCPR/C/UK/99/5, para. 9.

② 目前法国共有 13 块海外领土，包括 5 个“海外省”（Overseas Departments，即瓜德鲁普、法属圭亚那、马提尼克岛、留尼汪、马约特岛）、5 个“海外行政区”（Overseas Collectivities，即法属波利尼西亚、圣巴托洛缪岛、法属圣马丁、圣皮埃尔和密克隆、瓦利斯和富图纳）、1 个“特别行政区”（Special Collectivity，即新喀里多尼亚）、1 个海外领地（Overseas Territory, 即法属南半球和南极领地），以及 1 个“次级领地”（Minor Territory，即克利珀顿岛）。

对前海外殖民地的处置问题。[①] 另外，值得注意的还有两点。第一，在 1996 年的《公民及政治权利国际公约》报告中，法方在关于第 1 条（自决权）的报告第 1 段中，明确指出人民自决权除保证人民能够自由决定其政治地位之外，另一重要内涵便是促进该群体的发展。基于此，法方对这一发展权表示承认，并支持《发展权利宣言》。[②] 通过国家人权报告明确表态承认作为集体人权的发展权，这一态度在西方国家中并不多见。此外，在 2013 年提交给经社文委员会的第四轮国家报告中，法方还重点阐述了其对海外领土上土著人民权利的保护，包括海外领土地位决策中的土著群体代表参与政治咨商的权利、使用和发扬本部族语言的权利，以及自主决定利用和开发本部族集体土地的权利等。[③]

---

① See CCPR, *Consideration of Reports Submitted by States Parties under Article 40 of the Covenant: Fourth periodic reports of States parties due in 1992 (Addendum) — France,* CCPR/C/76/Add.7 (15 May 1997), undocs.org/CCPR/C/76/Add.7, paras. 6-17; ECOSOC, *Implementation of the International Covenant on Economic, Social and Cultural Rights: Second periodic reports submitted by States parties under articles 16 and 17 of the Covenant (Addendum) — France,* E/1990/6/Add.27 (25 October 2000), undocs.org/E/1990/6/Add.27, paras. 5-76; AND CCPR, *Consideration of Reports Submitted by States Parties under Article 40 of the Covenant: Fifth periodic report — France,* CCPR/C/FRA/5 (31 January 2013), undocs.org/CCPR/C/FRA/5, pp. 77-78.

② See CCPR, *Consideration of Reports Submitted by States Parties under Article 40 of the Covenant: Fourth periodic reports of States parties due in 1992 (Addendum) — France,* CCPR/C/76/Add.7, para. 2.

③ 但在报告第 23 段，法方也坦承，基于个人主义、平等和反歧视等宪法原则，第五共和国并不承认任何“或将凌驾于个人权利之上的集体权利”(collective rights that would take precedence over individual rights)，这也成为该国至今未批准国际劳工组织（ILO）关于土著部落人民的第 169 号公约的一大原因。See ECOSOC, *Consideration of Reports Submitted by States Parties under Articles 16 and 17 of the International Covenant on Economic, Social and Cultural Rights: Fourth periodic reports of States parties due in 2011 — France,* E/C.12/FRA/4 (20 March 2014), undocs.org/E/C.12/FRA/4, paras. 23-24.

与上述四国形成鲜明对比的是曾经首屈一指的殖民强国西班牙。就目前笔者所掌握的报告文本而言，西班牙方面的自决权相关报告未曾提及任何与非殖民化相关的内容，[①]而是将重点落在“自治体国家”（State of Autonomies）的建设方面，正如其在2002年提交给经社文委员会的第四轮报告中所述的那样：“尽管《宪法》宣称西班牙国家是一个统一体，但其第2条承认和保障组成国家的民族和地区的自治权。”[②]西班牙方面注重阐述各自治区（autonomous communities）与中央政府之间的权力关系变迁，例如中央与各自治区之间的管辖权冲突数量的变化，以及根据该国宪法所制定的《自治法》框架下中央向各自治区进行权力下放和移交的情况。[③]另外值得注意的是，2002年《经济社会文化权利国际公约》报告中还将西班牙政府对生活在该国的外

---

① 西班牙的这种对非殖民化问题的“回避”态度可能受到以下因素的影响。一方面，西属殖民地曾主要集中在拉丁美洲地区，而这些殖民地在19世纪时便基本上都获得了独立。另一方面，世界其他地区的西属殖民地（或海外领地）规模又无法和英法等国相比，没有留下过多“历史遗留问题”，客观上使得西班牙自我减轻了历史和法理包袱。尽管至今仍有少数西属自治领土存在与非殖民化问题相关的争议（例如：摩洛哥一直没有放弃对休达和梅利利亚两个西属自治市的主权诉求；加那利群岛早在1968年即被非洲联盟前身非洲统一组织宣布为仍在外国统治之下、有权谋求独立的领土；等等），但总体而言这些争议在国际社会影响尚属有限。

② See ECOSOC, *Implementation of the International Covenant on Economic, Social and Cultural Rights: Fourth periodic reports submitted by States parties under articles 16 and 17 of the Covenant (Addendum) — Spain*, E/C.12/4/Add.11 (14 January 2003), undocs.org/E/C.12/4/Add.11, para. 2.

③ See ECOSOC, *Implementation of the International Covenant on Economic, Social and Cultural Rights: Fourth periodic reports submitted by States parties under articles 16 and 17 of the Covenant (Addendum) — Spain*, E/C.12/4/Add.11 (14 January 2003), undocs.org/E/C.12/4/Add.11, paras. 4-12.

国人权利的保障情况也纳入了自决权相关报告内容当中。[1]

作为前殖民国家中不太显眼的一员，比利时对本国自决权问题的评述则显得更加与众不同。在其于1996年、2003年及2009年提交给人权事务委员会的报告中，比方在第1条（自决权）相关项中都只是简单提请委员会参考其1994年所提交的一般核心文件第I（“土地与人民”）、II（“比利时的政治结构”）大项所提供的信息。[2] 而上述两大项内容只是穿插性地介绍了比利时的国家构成，即三个社区（communities，即法语、弗拉芒语和德语社区）、三个大区（regions，即瓦隆、弗拉芒和布鲁塞尔首都大区）和四个语言区（linguistic regions，即法语区、荷兰语区、布鲁塞尔首都双语区和德语区）的大体情况，以及作为联邦实体的

---

① See ECOSOC, *Implementation of the International Covenant on Economic, Social and Cultural Rights: Fourth periodic reports submitted by States parties under articles 16 and 17 of the Covenant (Addendum) — Spain*, E/C.12/4/Add.11 (14 January 2003), undocs.org/E/C.12/4/Add.11, paras. 13-16.

② 事实上在1996年、2003年的《公民及政治权利国际公约》报告中，比方都只是大而化之地提请委员会参阅1994年一般核心文件中的内容，直到2009年的第五轮报告才将参阅范围明确为第Ⅰ、Ⅱ两大项。See CCPR, *Consideration of Reports Submitted by States Parties under Article 40 of the Covenant: Third periodic reports of States parties due in 1994 (Addendum) — Belgium*, CCPR/C/94/Add.3 (15 October 1997), undocs.org/CCPR/C/94/Add.3, para. 1; *Consideration of Reports Submitted by States Parties under Article 40 of the Covenant: Fourth periodic report — Belgium*, CCPR/C/BEL/2003/4 (16 May 2003), undocs.org/CCPR/C/BEL/2003/4, p. 1; AND. *Consideration of Reports Submitted by States Parties under Article 40 of the Covenant: Fifth periodic report — Belgium*, CCPR/C/BEL/5 (17 July 2009), undocs.org/CCPR/C/BEL/5, p. 14.

大区和社区所享有的某些特殊政治地位。[①] 由于比方在该文件中只字未提“自决”（self-determination）一词，只能推定上述内容就是比方针对《公民及政治权利国际公约》第 1 条所做的评述。不过，尽管措辞上略显含混，但显而易见的是，比利时与西班牙的做法存在异曲同工之处，并且可能出于某些考虑，[②] 比方同样对非殖民化问题避而不谈。除此之外，尤其值得关注的是，在 1996 年的报告中，比方还以书面直陈的方式将自决权与规定少数者权利的《公民及政治权利国际公约》第 27 条直接联系起来，这在人权报告机制下的国家实践中也殊为罕见。[③]

---

① 例如弗拉芒议会、法语社区议会和瓦隆大区议会在一定范围内享有的“组织自主权”（constitutive autonomy），德语社区的特殊政治地位，以及其他联邦权力分配机制，等等。See United Nations, *Core Documents Forming Part of the Reports of States Parties – Belgium*, HRI/CORE/1/Add.1/Rev.1 (6 April 1995), undocs.org/HRI/CORE/1/Add.1/Rev.1, paras. 44-91.

② 在西方殖民列强中，直到 19 世纪末才加入瓜分非洲行列的比利时无疑属于“后起之秀”，其仅有的两块殖民地即刚果（金）和卢旺达-乌隆迪（后分为卢旺达和布隆迪两个独立国家）也早在 20 世纪 60 年代便已宣告独立。因此笔者认为，和西班牙相比，比利时似乎更加无意背负殖民史带来的历史包袱。不过在某些学者看来，比利时的殖民行径并未得到彻底清算，该国至今仍然积极插手其前殖民地的内部纷争，以从中渔利。See Antoine Roger Lokongo, “French Complicity in the Crisis in Central African Republic,” http://blackagendareport.com/content/french-complicity-crisis-central-african-republic, submitted on January 1, 2014.

③ See *Consideration of Reports Submitted by States Parties under Article 40 of the Covenant: Third periodic reports of States parties due in 1994 (Addendum) – Belgium*, CCPR/C/94/Add.3, para. 1. 除比利时外，阿根廷也曾有过类似的做法。See CCPR, *Consideration of Reports Submitted by States Parties under Article 40 of the Covenant: Fourth periodic report — Argentina*, CCPR/C/ARG/4 (13 March 2008), undocs.org/CCPR/C/ARG/4, para. 146.

2．其他发达国家

出于各种原因，与上述前殖民国家相比，其他发达国家[①]在自决权问题上的立场既有不同之处，又存在某些共性。作为当今世界上唯一的超级大国和西方世界的“领袖”，美国关于其履行尊重和促进人民自决权的评述呈现出某种统一的脉络。在其提交给人权事务委员会的历次报告中，美方大都将报告重点放在对“岛屿地区”（insular areas）[②]和本土土著人民的自治情况的评述上。[③]除美国以外，其他非传统殖民国家也并非对非殖民化问题或与非殖民化存在关联的问题一律采取回避态度。例如，日本在1991年、1997年提交给人权事务委员会的报告中均以较大篇幅阐述了其对

---

① 关于“发达国家”与“发展中国家”的区分标准存在一定的争议。在本书中，界定发达国家与发展中国家的主要依据为国际货币基金组织（IMF）2017年所发布的“世界经济展望”（World Economic Outlook）中根据发展程度对世界各经济体所做的归类，本书中所提及的“发达/发展中国家”即等同于上述文献中列举的作为“发达/发展中经济体”的国家。参见IMF官网资料：www.imf.org/external/pubs/ft/weo/2017/01/weodata/groups.htm，访问日期：2018年3月5日。

② “岛屿地区”特指那些不属于美国五十个州或联邦特区的美国领土。目前美国有常住居民的岛屿地区包括美属萨摩亚、关岛、北马里亚纳群岛、波多黎各和美属维尔京群岛。

③ See CCPR, *Consideration of Reports Submitted by States Parties under Article 40 of the Covenant: Initial reports of States parties due in 1993 (Addendum) — United States of America*, CCPR/C/81/Add.4 (24 August 1994), undocs.org/CCPR/C/81/Add.4, paras. 12-76; *Consideration of Reports Submitted by States Parties under Article 40 of the Covenant: Third periodic reports of States parties due in 2003 — United States of America*, CCPR/C/USA/3 (28 November 2005), undocs.org/CCPR/C/USA/3, paras. 5-25; AND *Consideration of Reports Submitted by States Parties under Article 40 of the Covenant: Fourth periodic report — United States of America*, CCPR/C/USA/4 (22 May 2012), undocs.org/CCPR/C/USA/4, paras. 6-31. 笔者认为，从本质上来说，岛屿地区问题与非殖民化议题直接相关，而土著人民自治问题与非殖民化议题之间也存在着一定的联系。

南非废除种族隔离制度的支持。[①] 在1991年的报告中，日方还在较为醒目的位置声援巴勒斯坦人民行使自决权，[②] 这一做法在发达国家当中较为罕见。与之形成鲜明对比的是，巴勒斯坦问题的直接当事方以色列从1998年提交的第一份《公民及政治权利国际公约》报告开始，就始终在自决权问题上回避这一国际社会一直十分关注的问题。[③] 不过很显然，日本和以色列都对自决权的对内层面进行了阐述，前者侧重于民主制度与私有财产权，[④] 后者除民主政体安排外，还重点提及了人民经济与文化的自由发展。[⑤]

随着2007年《联合国土著人民权利宣言》的通过，土

---

① See CCPR, *Consideration of Reports Submitted by the States Parties under Article 40 of the Covenant: Third periodic report due in 1991 — Japan*, CCPR/C/70/Add.1 (30 March 1992), undocs.org/CCPR/C/70/Add.1, paras. 28-30; AND *Consideration of Reports Submitted by the States Parties under Article 40 of the Covenant: Fourth periodic report due in 1996 — Japan*, CCPR/C/115/Add.3 (1 October 1997), undocs.org/CCPR/C/115/Add.3, paras. 21-23.

② See CCPR, *Consideration of Reports Submitted by the States Parties under Article 40 of the Covenant: Third periodic report due in 1991 — Japan*, CCPR/C/70/Add.1, paras. 32-34.

③ See CCPR, *Consideration of Reports Submitted by States Parties under Article 40 of the Covenant: Initial periodic report due in 1993 (Addendum) — Israel*, CCPR/C/81/Add.13 (9 April 1998), undocs.org/CCPR/C/81/Add.13; AND *Consideration of Reports Submitted by States Parties under Article 40 of the Covenant Pursuant to the Optional Reporting Procedure: Fourth periodic reports of States parties due in 2013 — Israel*, CCPR/C/ISR/4 (12 December 2013), undocs.org/CCPR/C/ISR/4.

④ See CCPR, *Consideration of Reports Submitted by the States Parties under Article 40 of the Covenant: Third periodic report due in 1991 — Japan*, CCPR/C/70/Add.1, para. 27. 需要指出的是，将私有财产权问题纳入自决权议题范畴的做法值得商榷。

⑤ See CCPR, *Consideration of Reports Submitted by States Parties under Article 40 of the Covenant: Initial periodic report due in 1993 (Addendum) — Israel*, CCPR/C/81/Add.13, paras. 36-41.

著人民的自决权逐渐成为国际社会的热门议题。除美国之外，境内同样存在大量土著族群的芬兰、挪威、瑞典、澳大利亚等国近期的报告都将土著人民现状的评述置于自决权相关报告的显要位置。[①] 不过，也有相关国家对此反应并不积极，如新西兰和加拿大。[②] 还有国家则采用更为巧妙的手段试图规避这一问题，如奥地利。其一方面并不否认土著人

① See ECOSOC, *Implementation of the International Covenant on Economic, Social and Cultural Rights: Consideration of the sixth periodic report of States parties due in 2010 under articles 16 and 17 of the Covenant — Finland*, E/C.12/FIN/6 (14 March 2013), undocs.org/E/C.12/FIN/6, paras. 54-59; CCPR, *Consideration of Reports Submitted by States Parties under Article 40 of the Covenant: Sixth periodic reports of States parties – Finland*, CCPR/C/FIN/6 (12 September 2011), undocs.org/CCPR/C/FIN/6, paras. 55-56; ECOSOC, *Implementation of the International Covenant on Economic, Social and Cultural Rights: Fifth periodic reports submitted by States parties under articles 16 and 17 of the Covenant — Norway*, E/C.12/NOR/5 (29 October 2012), undocs.org/E/C.12/NOR/5, paras. 89-90; CCPR, *Consideration of Reports Submitted by States Parties under the Covenant: Sixth periodic report — Norway*, CCPR/C/NOR/6 (11 November 2010), undocs.org/CCPR/C/NOR/6, paras. 4-5; ECOSOC, *Implementation of the International Covenant on Economic, Social and Cultural Rights: Fifth periodic reports submitted by States parties under articles 16 and 17 of the Covenant (Addendum) — Sweden*, E/C.12/SWE/5 (6 September 2006), undocs.org/E/C.12/SWE/5, paras. 7-16; CCPR, *Consideration of Reports Submitted by States Parties under Article 40 of the Covenant: Sixth periodic report — Sweden*, CCPR/C/SWE/6 (5 December 2007), undocs.org/CCPR/C/SWE/6, paras. 5-11; AND United Nations, *Core Document Forming Part of the Reports of States Parties — Australia*, HRI/CORE/AUS/2007 (22 July 2008), undocs.org/HRI/CORE/AUS/2007, paras. 203-205.

② 在 2007 年 12 月提交的《公民及政治权利国际公约》报告中有关第 1 条（自决权）的部分，新西兰方面仅仅陈述了其自治领托克劳的自治问题。See CCPR, *Consideration of Reports Submitted by States Parties under Article 40 of the Covenant: Fifth periodic reports of States parties — New Zealand*, CCPR/C/NZ/5 (18 February 2008), undocs.org/CCPR/C/NZ/5, paras. 55-56. 加拿大 2013 年 4 月 9 日提交的《公民及政治权利国际公约》报告虽提及了包括自治、土地权利等议题在内的土著人民权利问题，但却将其纳入了有关第 27 条（少数者权利）的探讨范畴。See CCPR, *Consideration of Reports Submitted by States Parties under Article 40 of the Covenant: Sixth periodic reports of States parties due in October 2010 — Canada*, CCPR/C/CAN/6 (28 October 2013), undocs.org/CCPR/C/CAN/6, paras. 47-58.

民的自决权，但另一方面却宣称，“奥地利认为其境内任何族群都不属于《经济社会文化权利国际公约》所定义的土著人民之范畴”，从而直接排除了境内少数族群寻求任何形式的自决的可能性。①

基本没有受到非殖民化问题、海外领土自治与境内分离势力困扰的德国在自决权问题上的立场也颇具特色。在1977 年提交给人权事务委员会的首轮报告中，联邦德国方面即表示自决实现的唯一条件是“人民拥有通过投票和选举自由表达意愿的可能”。② 其 1995 年的第四轮报告重复了这一观点，直陈自由民主政体对人民自由决定其政治、经济、社会和文化发展的基础性作用，并在第 1 条相关报告的结尾直接提请委员会参考其关于第 25 条（政治参与和选举权利）执行情况的评述。③ 此外值得注意的是，德方在 1977 年报告中就明确表态非殖民化是自决的重要组成但绝非全部，且自决只能通过非暴力的方式实现。就目前而言，德方还未曾

---

① See ECOSOC, *Implementation of the International Covenant on Economic, Social and Cultural Rights: Fourth periodic reports submitted by States parties under articles 16 and 17 of the Covenant — Austria*, E/C.12/AUT/4 (29 October 2012), undocs.org/E/C.12/AUT/4, para. 5.

② See CCPR, *Consideration of Reports Submitted by States Parties under Article 40 of the Covenant: Initial reports of States parties due in 1977 (Addendum) — Federal Republic of Germany*, CCPR/C/1/Add.18 (30 November 1977), undocs.org/CCPR/C/1/Add.18, p. 6.

③ 在此处，德方直接使用了“内部自决”（internal self-determination）一词。See *Consideration of Reports Submitted by States Parties under Article 40 of the Covenant: Fourth periodic reports of States parties due in 1993 (Addendum) — Germany*, CCPR/C/84/Add.5 (22 February 1996), undocs.org/CCPR/C/84/Add.5, para. 13.

对这一表态做过任何调整，[①] 可见其自决观的核心就是将自决权与民主政体下的公民权利与政治权利联系在一起。采取类似的“权利嫁接”做法的还有意大利，其在 2012 年提交给经社文委员会的第五轮报告中，在第 1 条（自决权）相关报告中通篇阐述了其在国内消除贫困、促进发展、促进性别平等和反歧视等方面做出的努力。[②]

最后值得一提的是，除上述国土面积和人口相对较大的国家之外，“袖珍国家”列支敦士登是如今西方国家当中唯一立法确认其境内人民分离权的成员。列支敦士登宪法第 4 条第 2 款明确规定该国境内各自治区均有权分离并规定了具体的权利行使程序，这一内容同样被写入该国 2003 年提交的首份《公民及政治权利国际公约》报告关于自决权的陈述部分当中。[③] 此外在这份报告中，列支敦士登还明确提出，

---

① See CCPR, *Consideration of Reports Submitted by States Parties under Article 40 of the Covenant: Initial reports States parties due in 1977 (Addendum) — Federal Republic of Germany*, CCPR/C/1/Add.18, p 6. 但 1987 年联大通过的《加强在国际关系上不使用武力或进行武力威胁原则的效力宣言》第 3 条明确规定，该宣言任何内容绝不妨碍人民行使反对殖民统治、种族主义政权或其他形式外国统治的权利，这显然与德方的这一表态相抵触。See UNGA, *Declaration on the Enhancement of the Effectiveness of the Principle of Refraining from the Threat or Use of Force in International Relations*, A/RES/42/22 (18 November 1987), undocs.org/A/RES/42/88, Article 3. 笔者注意到，德方之后的历次报告中未再重复这一措辞。

② See ECOSOC, *Consideration of Reports Submitted by States Parties under Articles 16 and 17 of the International Covenant on Economic, Social and Cultural Rights: Fifth periodic reports of States parties due in 2009 — Italy*, E/C.12/ITA/5 (10 October 2013), undocs.org/E/C.12/ITA/5, paras. 32-64.

③ See CCPR, *Consideration of Reports Submitted by States Parties under Articles 40 of the Covenant: Initial report — Liechtenstein*, CCPR/C/LIE/2003/1 (24 June 2003), undocs.org/CCPR/C/LIE/2003/1, p. 14.

该国根据《欧洲地方自治宪章》的规定保障地方基层组织的自治权，这一举措同样属于尊重和保障人民自决权的范畴。[①] 根据笔者的观察，这在欧洲国家中也是绝无仅有的。

综上可见，除少数例外，尽管侧重点各有不同，绝大多数发达国家都将自决权的侧重点放在有关本国人民行使“内部自决权”的评述方面。

3．发展中国家和新兴经济体

发展中国家是自决“人权化”的主要推动力量。中国2003年提交给经社文委员会的首轮国家报告中将自决权的实现分为若干部分，包括实现国家独立、建立健全人民民主政治制度，以及对生产资料的民主化分配、提高人民生活水平等。[②] 从字面上看，中国对民生问题的评述与法、意等国将自决权与发展问题联系起来的表述存在相似之处。当然，中国的社会主义人民民主制度与西方资本主义代议制民主制度存在质的不同，但从条约文本的角度上说，中国的表述也属于对国内人民政治参与权利的承诺，这与德国的立场似存在共通之处。

其他发展中大国和新兴经济体国家在自决问题上也各

---

① See CCPR, *Consideration of Reports Submitted by States Parties under Articles 40 of the Covenant: Initial report — Liechtenstein*, CCPR/C/LIE/2003/1 (24 June 2003), undocs.org/CCPR/C/LIE/2003/1, p. 14.

② See ECOSOC, *Implementation of the International Covenant on Economic, Social and Cultural Rights: Initial reports submitted by States parties under articles 16 and 17 of the Covenant (Addendum) — People's Republic of China*, E/1990/5/Add.59 (4 March 2004), undocs.org/E/1990/5/Add.59, paras. 6-8.

有侧重。印度在 1995 年提交给人权事务委员会的第三轮报告中，首先以三段的篇幅强调国际法上的自决权是在非殖民化背景下开始得到广泛尊重的。[①] 而在最后一段中，印方尽管承认自决权存在内部和外部两个方面，但一再重申“自决的内部层面”（internal aspects of self-determination）仅包括人民自主选择政府形式的权利与民主权利，决不包括主权国家内部地区与族群分离的权利，一国的主权与领土完整必须得到保证。[②] 俄罗斯在这一问题上的态度则略有不同。苏联政府 1977 年提交的首份《公民及政治权利国际公约》报告在第 1 条（自决权）相关评述中通篇强调的是其宪法所规定的加盟共和国的主权权利（sovereign rights）。[③] 苏联解体后，俄罗斯明显对这一政策做出了调整，在其 2008 年提交给经社文委员会、2012 年提交给人权事务委员会的报告中，俄方仅强调了对联邦各组成部分（包括加盟共和国、自治省和自治区）的平等权利、族群身份、地理与特性的尊重。此外，地方自治、少数民族和土著人民权利也

---

① See CCPR, *Consideration of Reports Submitted by States Parties under Article 40 of the Covenant: Third periodic reports of States parties due in 1992 (Addendum) — India*, CCPR/C/76/Add.6 (17 July 1996), undocs.org/CCPR/C/76/Add.6, paras. 29-31.

② See CCPR, *Consideration of Reports Submitted by States Parties under Article 40 of the Covenant: Third periodic reports of States parties due in 1992 (Addendum) — India*, CCPR/C/76/Add.6 (17 July 1996), undocs.org/CCPR/C/76/Add.6, para. 32.

③ See CCPR, *Consideration of Reports Submitted by States Parties under Article 40 of the Covenant: Initial reports of States parties due in 1977 (Addendum) — Union of Soviet Socialist Republics*, CCPR/C/1/Add.22 (31 January 1978), undocs.org/CCPR/C/1/Add.22, p. 3.

是俄方自决权报告的重要内容。[1]

地处南美的另一个"金砖"大国巴西则在其 2004 年提交的《公民及政治权利国际公约》报告及 2008 年提交的《经济社会文化权利国际公约》报告中都着重强调了其对土著人民、逃亡黑奴后裔（quilombola）社群等少数群体的保护，特别是对这两大群体土地权利的保护。[2] 除巴西外，土著人民的自决权问题也已成为许多其他拉丁美洲国家的论述要点。[3]

---

① See ECOSOC, *Implementation of the International Covenant on Economic, Social and Cultural Rights: Fifth periodic reports submitted by States parties in accordance with articles 16 and 17 of the Covenant — Russian Federation*, E/C.12/RUS/5 (25 January 2010), undocs.org/E/C.12/RUS/5, paras. 1-13; AND CCPR, *Consideration of Reports Submitted by States Parties under Article 40 of the Covenant: Seventh periodic reports of States parties — Russian Federation*, CCPR/C/RUS/7 (29 January 2013), undocs.org/CCPR/C/RUS/7, paras. 4-8. 俄方特别强调其境内的弱势民族文化团体分为三种——"少数民族"(ethnic minorities)、"本地少数民族"（small indigenous peoples，作者对俄 2008 年《经济社会文化权利国际公约》报告中文版中的这一译法持保留意见）以及"人数少的族群"（small ethnic communities）。俄对不同族群的保护各有侧重，例如对少数民族的保护偏重于个人权利自由和身份认同，对后两者而言则偏重于土地和资源所有权、居住环境和传统生活方式。

② See CCPR, *Consideration of Reports Submitted by States Parties under Article 40 of the Covenant: Second periodic report — Brazil*, CCPR/C/BRA/2004/2 (11 April 2005), undocs.org/CCPR/C/BRA/2004/2, paras. 13-15; AND ECOSOC, *Implementation of The International Covenant on Economic, Social and Cultural Rights: Second periodic reports submitted by States parties under Articles 16 and 17 of the Covenant — Brazil*, E/C.12/BRA/2 (28 January 2008), undocs.org/E/C.12/BRA/2, paras. 80-94.

③ See for example, *Consideration of Reports Submitted by States Parties under Article 40 of the Covenant: Fourth periodic report — Argentina*, CCPR/C/ARG/4, paras. 144-146; CCPR, *Consideration of Reports Submitted by States Parties under Article 40 of the Covenant: Third periodic report of States parties — Plurinational State of Bolivia*, CCPR/C/BOL/3 (22 September 2011), undocs.org/CCPR/C/BOL/3, paras. 30-38; ECOSOC, *Implementation of the International Covenant on Economic, Social and Cultural Rights: Fourth periodic reports submitted by States parties under articles 16 and 17 of the Covenant (Addendum) — Mexico*, E/C.12/4/Add.16 (25 February 2005), undocs.org/E/C.12/4/Add.16, para. 20; AND CCPR, *Consideration of Reports Submitted by States Parties under Article 40 of the Covenant: Fifth periodic report — Mexico*, CCPR/C/MEX/5 (24 September 2008), undocs.org/CCPR/C/MEX/5, paras. 34-37.

作为曾经的非殖民化运动最为活跃的大陆，非洲各国在人民自决权问题上的态度也呈现出多元的一面。例如，早已结束种族隔离制度的南非在其2014年提交给人权事务委员会的报告中，除强调其保护本国人民依据“人权两公约”第1条第1、2款所享有的权利之外，还将人民获取和处置水资源、利用和保护林地的权利也纳入自决权报告版块。① 西非国家喀麦隆在其提交给“人权两公约”委员会的报告中明确表示自决权的实现有赖于国家主权的行使和完整，且国家去集权化、保证人民的自由民主权利也是自决的重要组成部分，但与此同时，喀方也强烈谴责其境内分离组织的活动。② 而与喀麦隆对待分离主义的强硬态度形成鲜明对比的是，东非国家埃塞俄比亚却采取了和列支敦士登相近的做法，明确在其自决权相关报告中承认其尊重和保障其境内各国族（Nation）、民族（Nationality）和人民（People）的分

① See CCPR, *Consideration of Reports Submitted by States Parties under Article 40 of the Covenant: Initial reports of States parties due in 2000 — South Africa*, CCPR/C/ZAF/1 (16 February 2015), undocs.org/CCPR/C/ZAF/1, paras. 27-33.

② See ECOSOC, *Implementation of the International Covenant on Economic, Social and Cultural Rights: Combined second and third periodic reports submitted by States parties under articles 16 and 17 of the International Covenant on Economic, Social and Cultural Rights — Cameroon*, E/C.12/CMR/2-3 (19 July 2010), undocs.org/E/C.12/CMR/2-3, paras. 290-291; AND CCPR, *Consideration of Reports Submitted by States Parties under Article 40 of the Covenant: Fourth periodic reports of States parties — Cameroon*, CCPR/C/CMR/4 (11 May 2009), undocs.org/CCPR/C/CMR/4, paras. 240-256.

离权，这一立场在国际社会中尤显另类。[①]

北非、西亚和中东国家看待自决权问题也各有自己的视角。埃及在其近年提交给“人权两公约”委员会的报告中分别从不同的角度论述了实现自决权的要素。在其2010年提交的《经济社会文化权利国际公约》报告中，埃及除了对人民自由处置自然资源的权利进行了评述之外，还重点阐述了其致力于促进国际合作的努力；[②]2001年提交的《公民及政治权利国际公约》报告则以较大篇幅强调了人民的民主权利。[③]叙利亚2004年提交的《公民及政治权利国际公

① See ECOSOC, *Implementation of the International Covenant on Economic, Social and Cultural Rights: Combined initial, second and third periodic reports submitted by States parties under articles 16 and 17 of the Covenant — Ethiopia*, E/C.12/ETH/1-3 (28 March 2011), undocs.org/E/C.12/ETH/1-3, para. 7; AND CCPR, *Consideration of Reports Submitted by States Parties under Article 40 of the Covenant: First periodic report of States parties — Ethiopia*, CCPR/C/ETH/1 (22 October 2009), undocs.org/CCPR/C/ETH/1, para. 9. 除了列支敦士登和埃塞俄比亚以外，“人权两公约”的另一个缔约国摩尔多瓦共和国在其宪法第1条第4款中也认可了其境内加告兹（Gagauzia）自治区人民有条件的分离权，尽管行使这一权利的条件较为苛刻：只有在摩尔多瓦作为一个独立国家的地位有所改变的情况下（考虑到该国大部领土仍存在将来并入邻国罗马尼亚的可能性），加告兹人民才能行使“外部自决权”。宪法第5条第2款进一步规定了加告兹地区举行分离公投的程序。See Marc Weller, *Escaping the Self-Determination Trap* (Martinus Nijhoff, 2008), p. 48. 但值得注意的是，摩尔多瓦政府从未在其递交的履约报告中提及此事。

② See ECOSOC, *Implementation of the International Covenant on Economic, Social and Cultural Rights: Combined second, third and fourth periodic reports submitted by States parties under articles 16 and 17 of International Covenant on Economic, Social and Cultural Rights — Egypt*, E/C.12/EGY/2-4 (22 December 2011), undocs.org/E/C.12/EGY/2-4, paras. 112-114.

③ See ICCPR, Consideration of Reports Submitted by States Parties under Article 40 of the Covenant (Addendum) — Egypt, CCPR/C/EGY/2001/3 (15 April 2002), undocs.org/CCPR/C/EGY/2001/3, paras. 131-136.

约》报告强调该国人民行使自决权的重要方式包括保证人民的民主权利以及中央政府对地方政府的行政、立法赋权，并指出以色列对该国戈兰高地的占领侵犯了当地人民的自决权。[①] 伊拉克2013年提交的《公民及政治权利国际公约》报告基本将重点放在对本国民主化改革进程的阐述方面，[②] 同年提交的《经济社会文化权利国际公约》报告还提供了大量经济和社会发展数据。[③] 伊朗则在其2009年提交的《公民及政治权利国际公约》报告中，通过对本国宪法相关内容的引述，基本上涵盖了第一条各款的内容，且特别强调国家的自由、独立、统一和领土完整相互之间是不可分割的，支持各国人民反抗外来压迫的事业，对干涉他国内政的行为表示强烈反对。[④]

4．以高度自治的地方当局名义提交的报告

由于地方自治政府不属于国际人权条约的缔约方，此

---

① See CCPR, *Consideration of Reports Submitted by States Parties under Article 40 of the Covenant: Third periodic report — Syria*, CCPR/C/SYR/2004/3 (19 October 2004), undocs.org/CCPR/C/SYR/2004/3, paras. 36-38.

② See CCPR, *Consideration of Reports Submitted by States Parties under Article 40 of the Covenant: Fifth periodic reports of States parties due in 2000 — Iraq*, CCPR/C/IRQ/5 (12 December 2013), undocs.org/CCPR/C/IRQ/5, paras. 27-48.

③ See ECOSOC, *Implementation of the International Covenant on Economic, Social and Cultural Rights: Fourth periodic report submitted by States parties under articles 16 and 17 of the Covenant — Iraq*, E/C.12/IRQ/4 (20 November 2013), undocs.org/E/C.12/IRQ/4, paras. 28-39.

④ See CCPR, *Consideration of Reports Submitted by States Parties under Article 40 of the Covenant: Third periodic reports of States parties — Iran*, CCPR/C/IRN/3 (31 May 2010), undocs.org/CCPR/C/IRN/3, paras. 15-20.

类报告是由其中央政府或前宗主国政府代为提交的。目前"人权两公约"所有缔约国当中，只有英国（皇家属地、海外领地、香港）、荷兰（阿鲁巴、前荷属安的列斯）、葡萄牙（澳门）与中国（香港、澳门特别行政区）四国曾经或一直采用此种做法，盖因当事国乃至国际社会认为这些区域的高度自治地位较为特殊，在这些区域的人权公约执行状况值得个别重点阐述。其中英国关于其皇家属地与海外领地、荷兰关于阿鲁巴与前荷属安的列斯人民自决权行使情况的阐述在前文中已有介绍，此处不再赘述。值得注意的是，英葡两国在人权两公约履约报告中也提及过香港、澳门的"自决"问题。1996 年葡萄牙政府代澳葡当局提交给人权事务委员会的报告中关于第 1 条（自决权）的内容介绍了澳门地位归属问题的解决，根据《中葡联合声明》以及《澳门基本法》移交主权事宜的进展，澳门行政、立法机构的产生，以及澳门居民社区参与政治咨商的情况等，这也是葡萄牙在澳门回归之前在国际人权公约机制下就澳门"自决"问题的最后一次书面表态。[①] 相比较而言，英国政府 1995 年代港英当局提交给人权事务委员会的报告中，直接对第 1 条部分冠以"自决：民主的进步与发展"（Self-determination: Progress

---

① 1999 年 3 月葡萄牙政府最后一次代澳葡当局提交的《公民权公约》报告中，第 1 条（自决权）相关内容已被完全略过。See HRC, *Consideration of Reports Submitted by States Parties under Article 40 of the Covenant: Fourth periodic report of States parties due in 1996 — Portugal (Macau),* CCPR/C/POR/99/4 (14 May, 1999), available at: undocs.org/CCPR/C/POR/99/4, p.2.

and development）的标题，声称“此项（关于自决的）事宜的一个重要方面存在于已经或正在采取的、在香港发展和建立一个完全民主的体制的种种措施”。必须指出的是，港澳并不存在单方面适用于两地居民的“自决权”，关于这一点，笔者将在第四章中补充论述。

通过观察上述各大洲、各主要地区具有代表性的国家提交的“人权两公约”履约报告，我们不难发现，在冷战结束后的今天，不论是发展中国家还是发达国家，在自决权问题上的基本立场并无原则性区别。即便是前殖民地国家，在国家人权状况报告中也越来越不局限于仅仅强调“外部自决权”，即非殖民化问题。自决权的内部层面确实在一定程度上得到了各国的普遍认可。

二、区域性人权保护机制下关于自决权的部分典型实践

迄今为止，《非洲人权和民族权宪章》的监督机构非洲人权和民族权委员会处理过的人权申诉案件中，与政治意义上的自决权直接相关的只有“加丹加案”。1992年，扎伊尔共和国（今刚果民主共和国）加丹加省反政府组织“加丹加人民议会”领导人向该委员会申诉称扎伊尔政府侵犯了加丹加人民根据《非洲人权和民族权宪章》第20条所享有的自决权，请求确认其组织性质为“人民解放运动”，使加丹加省有权成为一个合法的独立主权国家。该委员会审查诉状后认为，如何定义“人民”及如何确定自决权适用范围的

问题尚有争议，本案中加丹加省民众是否构成一个或多个种族团体的问题亦无关紧要。在缺乏证据证明该省民众的其他人权受到侵犯的情况下，委员会认为其有义务尊重扎伊尔的主权和领土完整，对申诉人的请求不予支持。不过在分析法律适用问题时，委员会同时认为加丹加省有义务在不破坏国家主权和领土完整的前提下行使“变异的自决”（a variant of self-determination）。① 毫无疑问，“变异的自决”与“内部自决”有着相近的含义，具体可能表现为某种形式的地方高度自治。显然在这件个案中，非洲人权和民族权委员会对不会危害到国家主权原则的“内部自决”并无异议。

当然，自决权绝不仅仅包括“加丹加案”中涉及的政治层面。在 1982 年的“米斯基托案”中，尼加拉瓜境内的米斯基托族印第安人组织“米苏拉萨塔”领导人向美洲人权委员会申诉称，尼加拉瓜政府侵犯了该部族的自决权，特别是政治自治的权利。当时该委员会的结论认为，现有国际法并不支持申诉人所在族群的自决权或政治自治的权利。其诉求能得到支持的部分仅包括保持其文化、信仰其宗教和使用其语言的权利。② 显而易见，该委员会有意将自决权的经济、

---

① See *Katangese Peoples' Congress v. Zaire, African Commission on Human and People's Rights, Comm. No. 75/92* [1995], http://hrlibrary.umn.edu/africa/comcases/75-92.html.

② See Inter-American Commission on Human Rights, *Report on the Situation of Human Rights of a Segment of the Nicaraguan Population of Miskito Origin,* OEA/Ser. L./V.II.62 (Conclusions) [1983], https://www.cidh.oas.org/countryrep/Miskitoeng/part3.htm#A.%20%20%20%20%20%20%20%20%20%20Conclusions.

社会和文化方面剥离出来。笔者认为，“米斯基托案”毕竟发生在土著人民自决权诉求尚未得到国际社会普遍重视的20世纪80年代初，因此该委员会有意降低该案的敏感度。不过随着《土著人民权利宣言》的谈判、起草和通过，情况已发生了很大的变化。2007年11月，美洲人权法院在“萨拉玛卡人诉苏里南”案的判决中，直接援引了《公民及政治权利国际公约》与《经济社会文化权利国际公约》第1条的规定，对《美洲人权公约》第21条（财产的权利）做了引申解读，特别是土著人民自由处置其领地天然财富与资源的权利。[①]“萨拉玛卡案”的判决甚至影响了两年后大洋彼岸的非洲人权和民族权委员会对“印多若斯案”的结论。本案申诉人明确提出，自决包括根据社群意愿自由处置自然资源的能力，该委员会支持了这一说法，并直接援引“萨拉玛卡案”中美洲人权法院的法理推论，认定当事国肯尼亚政府违反了《美洲人权公约》第21条所规定的义务，侵犯了印多若斯部落的集体权利。[②]其实早在2001年，该委员会在审

---

① *Case of the Saramaka People v. Suriname (Judgment)* [2007], http://www.corteidh.or.cr/docs/casos/articulos/seriec_172_ing.pdf, paras. 92-96.

② See *Centre for Minority Rights Development (Kenya) and Minority Rights Group (on behalf of Endorois Welfare Council) v. Kenya*, Comm. No. 276/03 [2009], https://www.hrw.org/sites/default/files/related_material/2010_africa_commission_ruling_0.pdf, paras. 159-162.

查“奥戈尼案”时就已做出了类似的结论。[①] 由以上案例可以看出，仅在“经济自决”层面，“内部自决”已在两个大洲的人权条约相关机构处获得了极大程度的认可。

三、本章小结

由《公民及政治权利国际公约》与《经济社会文化权利国际公约》主要缔约国提交的定期履约报告可以看出，尽管侧重点未必相同，但各国越来越重视自决权对内层面的趋势是显而易见的。自 20 世纪 90 年代以来，凡在履约报告中提及自决权的，几乎没有哪个缔约国会将自决权主体限定为殖民地与遭受外来军事压迫的人民。如此长期一致的态度，反映出国际社会成员在“内部自决”问题上存在“趋同存异”的倾向。不论其现时能否构成某种习惯法规则，但某种松散的共识是确实存在的。

除了国家实践之外，作为监督和促进人权条约规定从文本走向实施的更加关键的环节，各国际人权条约监督机构的态度可以说是证明“内部自决”确实存在的更加直接的证据。从宏观上来说，两大国际人权公约委员会的一般性意见、针对缔约国报告的审议意见以及对个案的处理表明了其支

① See *The Social and Economic Rights Action Center and the Center for Economic and Social Rights v. Nigeria, African Commission on Human and Peoples' Rights, Comm. No. 155/96* [2001], http://hrlibrary.umn.edu/africa/comcases/155-96.html, para. 63.

持自决权并不仅仅属于殖民地人民的统摄性立场，而非洲、美洲两个重要大洲的区域性人权条约机构处理的代表性案例则具有不容忽视的微观示范意义。长期以来，从国际人权保障机制的实践对自决权适用主体与范围的演进的观察与解读十分有限，但严格来说，基于自决权的基本人权属性，上述条约实施的实践丰富了自决的法律渊源，也为我们进一步从法理和实践上明晰自决权具体适用范围的边界奠定了基础。

第三章 自决的权利主体

根据“人权两公约”共同第1条的一般性表述，自决的权利主体，或自决权的持有者（right holder）是“人民”（peoples）。虽然主管《公民及政治权利国际公约》的人权事务委员会20世纪90年代就在缔约国履约审查评议中指出，人民自决权不仅仅适用于殖民地人民，但该机构也从未明确指出除了殖民地人民之外，还有哪些群体同样属于该权利的持有者。什么是“人民”？或者说，哪些群体可以被视为“人民”？这个难题仍未在国际法学界达成共识。事实上，厘清自决的权利主体范围，最重要的意义不在于是否基于法理对特定人群进行区分，而在于是否承认后非殖民化时期的自决权内容存在多元性。

一、“人民”概念的再辨析

根据“人权两公约”共同第1条，自决权是一项集体人权，其持有者即权利主体是“人民”。但正如前文所述，国际法律文件尽管对自决权主体都做了一般性的规定，而且有的文件还对若干特殊的权利主体做了列举，但它们对有关权利主体的范围、具体含义和确定标准都未做出精确的说明。在这一问题上，理论与实践中长期以来存在广泛的分歧。对于“人民”的具体所指，目前学术界并没有一个普遍接受的说法。尽管前文提及，主管《公民及政治权利国际公约》的人权事务委员会在20世纪90年代就在缔约国履约审查评议中指出，人民自决权不仅仅适用于殖民地人民，但该机构也并未明确指出除了殖民地人民之外，还有哪些群体同样是该权利的持有者。

正如不少学者所观察到的那样，“人民”(people)和“民族”(nation)这两个词在国际文件中时有相互换用的情形。正如民族学专家宁骚教授所言，在同样的情况下西方语言用不同词语表达的概念，中文都倾向用“民族”一个词来表达，使得中文“民族”一词天生就具有多种含义，[①]既可以对应people又可以对应nation。例如，*African Charter on Human and Peoples' Rights* 在中国习惯上的译法为《非洲人权和民

① 宁骚：《民族与国家：民族关系与民族政策的国际比较研究》，北京大学出版社，1995，第4页。

族权宪章》而非《非洲人权和人民权宪章》，用白桂梅教授的话说，这里的peoples对应的就是中文里广义的民族，即“所有族体”；[①] 而nation意指“国族”，即与国家概念紧密联系的民族，[②] 如“中华民族”“美利坚民族”等。这在一些国际文件的中文翻译中也有所体现，例如《联合国宪章》英文版中反复出现的among nations，目前的通行中文版基本上都译为“国际间”非而“民族间”。[③]

很显然，“国族”只是“所有族体”当中的一个类别而已，但这个特殊的存在很大程度上源于资产阶级民族民主革命所催生的“民族国家”理念，这一理念使得民族与国家这两个概念之间始终存在相互渗透的可能。而相对于其他同样可以译为“民族”的词汇，如nationality和ethnic group等，“国族”又是一个更大更包容的概念。事实上，早期马克思主义者和民族解放运动领导人们都力图以“国族”代替更碎片化的“民族”概念，大多数殖民地人民的斗争从一开始就不是为了在去殖民化之后再去建立人为区分一个个单一民族的“微型国

---

① 白桂梅：《国际法上的自决》，第93页。

② 将nation译为“国族”是民国有识之士的创举，始见于孙中山1924年发表的《民族主义第一讲》。王云五总编纂的《云五科学大辞典》中更加明确了“民族”与“国族”的区别：“民族可不必有政治上的自治权及国家的形态，如过去的犹太民族是，而国族则必须有国家的实质，如中华国族是。”见宁骚：《民族与国家》，第14页。

③ 白桂梅：《国际法上的自决》，第93页。

家”，而是力求以“国族”的名义统一各民族共同的家园。[①]也正因为如此，“民族自决”（national self-determination）这个概念在非殖民化的语境下是成立的，更严谨地说，它或许更应当被译为“国族自决”。

然而很显然，在后非殖民化时期，“国族自决”越来越容易引发争议。客观地说，在非殖民化时期，各民族更容易聚拢在一面统一的旗帜下共同反抗殖民主义者的统治，但一旦消除了共同的外敌，发展中国家经济与社会发展的滞后与不平衡、国内民族与人权政策的失误抑或外部势力的干涉，都可能催生新的民族矛盾或激发早在民族解放运动时期就被掩盖的既有矛盾，威胁到原有的“国族”认同感，进而给国家埋下分裂的隐患。这恐怕也是大多数国际法律文件都不约而同地坚持自决权的主体是作为“所有族体”的peoples而非极易同国家概念相混淆的nations的主要原因。此外，从语义学的角度来看，相较于“国族”，“所有族体”的权利理论上当然是多样和可控的，这恐怕也是一些学者认为“内部自决”的概念能够制约分离主义、消解分离行为合

① 宁骚：《民族与国家》，第12—15页。以印度和印度尼西亚为例，前者有300多个民族，后者有100多个民族，但其独立运动领导人都曾在公开场合表达过以统一的“国族”凝聚全国各族人民的信念。即便是生活在相对狭小土地上的巴勒斯坦人也可以细分为伊斯兰教逊尼派教徒、德鲁兹派教徒和基督徒等不同人群，但涉及其独立建国的问题，不论巴勒斯坦领导人还是国际社会都只认可统一的“巴勒斯坦人民”。

法性的主要依据之一。[①]

倘若将 peoples 译为“各国人民”，[②] 无异于将自决权的含义牢牢固定在非殖民化语境下，“内部自决”的法理依据便极为薄弱。反之，倘若将 peoples 译为包含“所有族体”的“人民”（或“民族”），我们恐怕就必须承认其解释的多元性。换言之，至少从理论上来说，一个主权国家内部所囊括的“所有族体”，既包括该国之全体人民，也包括其他具有特定的群体自我意识的人类社群共同体，如土著人民、少数民族等。除了传统上公认的享有自决权的殖民地人民、受外国军事占领和压迫、受种族主义政权统治的人民之外，上述其他“族体”是否都拥有自决权呢？如果答案是肯定的，他们所拥有的是哪一种自决权呢？

二、一国之全体人民

一个主权国家的全体人民拥有“外部自决权”是不言而喻的，这意味着他们有权团结起来通过任何合法的形式反

① 从政治现实的角度出发，一国政府对“民族”“人民”“国族”等概念的解释当然有与其实际利益相关的政治考量。极少数国家在这一问题上表现出异乎寻常的开放性。例如，埃塞俄比亚宪法第 39 条第 1 款明确规定，“所有国族（nation）、民族（nationality）或人民（people）都有不可贬抑的自决权，甚至分离权”，第 5 款更将“国族、民族或人民”统一解释为具有某些共同特性的群体，丝毫没有将这三个概念进行区分。如此宽泛的定义殊为罕见。See Weller, *Escaping the Self-Determingation Trap*, p. 47.

② 联合国公约与宣言检索系统，中文网页版链接：https://www.un.org/zh/documents/treaty/files/A-RES-1803(XVII).shtml。

抗所有来自外部的殖民统治和军事占领的行为和企图，并有权为达此目的向国际社会请求包括军事干预在内的一切合法正当的援助。但一国之全体人民行使“外部自决权”的前提是存在一个由国际社会承认的“代表构成该人民所有成员的政治组织”，① 即具有广泛代表性的主权国家②。可以看出，在这种语境下，人民自决权和主权国家的自卫权、独立权在含义上产生了一定程度的重合，尽管二者的权利主体并不相同。③

那么一国之全体人民是否享有“内部自决权”呢？如前文所述，卡塞斯、弗兰克等西方国际法学者认为，当权利的持有者是一个主权国家的所有人民时，内部自决权意指人民享有代表性的民主政府的权利，或一种包容性的政治参与权利。按照卡塞斯对“人权两公约”共同第1条第1款的解释，“自由”一词除了排除外来干涉这一意义之外，其“首要意义”（primary significance）应为“要求人民在不受国内权力本身操纵或不当影响下选择他们的立法者和政治领导”，因此“内部自决权”是《公民及政治权利国际公约》所包含的所有权利的集中体现，而反过来，所有公民权利和政治权

① 白桂梅：《国际法上的自决》，第100页。

② 包括得到国际社会广泛承认的流亡政权。

③ 王英津教授认为，后非殖民化时期的自决权（即本书所述之“外部自决权”）与国家主权尽管有着密切的关联，但这绝不等同于二者已融为一体了；自决权的功能已经从“消除政治殖民主义”转变为“消除新殖民主义（主要是指经济殖民主义和文化殖民主义）”和“防止重新出现政治殖民主义”。参见王英津：《自决权理论与公民投票》，九州出版社，2007，第139页。

利是对“内部自决权”的具体诠释，特别是对第19条（言论自由）、21条（和平集会）、22条（结社自由）和25条前两款（直接或通过自由选举的代表间接地参与管理公共事务的权利，以及选举权）的解释。[①] 前文所提及的联合国教科文组织1989年专家组会议的《最终报告与建议》中也提及，“内部自决”的典型就是“政府的民主形式”（democratic forms of government）。[②]

上述论断看似缜密，实则百密一疏。首先，正如白桂梅教授所言，卡塞斯将“人权两公约”第1条第1款中“自由”的“首要意义”理解为人民不受本国权力机关的操纵或不当影响，这不过是他的一家之言，至少直到其著作发表之际，缺乏确凿的证据。第二，从语义学的角度来看，第1条的全部款项应为一个有机的整体。将第1款中“自由”的首要意义理解为排除本国当权者的操控，而将第2款中“自由”的基本意义理解为反对外来干涉，这在逻辑上显然是令人困惑的。[③] 再者，“人权两公约”（包括两公约委员会的意见）

---

① See Cassese, *Self-Determination of Peoples*, pp. 52-53.

② See United Nations Educational, Scientific and Cultural Organization (UNESCO), *International Meeting of Experts on Further Study of the Concept of the Rights of Peoples: Final Report and Recommendations*, SHS-89/CONF.602/7 (22 February 1990), https://www.michaelkirby.com.au/images/stories/speeches/1980s/vol21/819-UNESCO_-_Rights_of_Peoples_Official_Report.pdf, para. 27(a).

③ 尽管由于土著人群体权利意识的觉醒特别是土著人民自决权的提出，第2款中所规定的人民对天然财富和资源的自由处置的权利主体也出现了扩张的倾向，但笔者认为，通过对“人权两公约”诞生历史的观察，可以推断这一规定的基本目的是为了清除和防止经济殖民主义。

等具有法律意义或法理指导意义的文件，从未明确提出“自由地决定”能够与人民享有代表性的民主政府的权利画上等号。即便是在西方国家主导下出炉的《赫尔辛基宣言》，也在“完全自由地决定他们的内部政治地位”之前强调这一权利的前提是“在没有外来干涉的情况下”。正如汉南姆教授所指出的，考虑到20世纪70年代西方的战略收缩，苏联和社会主义阵营在当时的国际政治博弈中优势明显，将该陈述的含义总结为“重申一国人民在选择其政府形式方面不受外来干涉的权利”恐怕是更有说服力的。①

主张一国之全体人民的内部自决权即民主权利的观点之所以会得到不小的支持，一大潜在因素或许在于人权条约机构在缔约国履约审查实践中的态度。通过第二章中的总结，我们已然发现，“人权两公约”的不少缔约国，不论是发达国家还是发展中国家，不论是资本主义国家还是社会主义国家（包括中国），在其提交的履约报告中涉及第1条（人民自决权）的部分都会列举该国在保障人民民主权利的制度建设方面所做的努力与取得的成就。从传统习惯法“法律实践—法律确信”的角度来看，如此多的国际社会成员“自觉自愿”地将本国人民的自决权与民主政体安排联系在一起，似乎给人这样一种印象：在一定程度上，认同“人权两公约”

① See Hurst Hannum, “Self-Determination in the Post-Colonial Era,” in *Self-Determination: International Perspectives,* eds. Donald Clark and Robert Williamson (Palgrave Macmillan, 1996), p. 22.

第 1 条包含人民自由选择民主政府的权利已经开始形成法律确信。更重要的是，对于缔约国的这种做法，“人权两公约”委员会至少没有做出任何消极否认的意思表示，这与它们反对某些缔约国仍坚持将自决权视为殖民地人民专属权利的态度形成了鲜明的对比。①

然而笔者认为，上述观点也绝非无懈可击。不对第 1 条内容做更多超越字面意义的解读的话，我们也有理由这样理解：既然国家尊重人民自由地选择政治地位的权利，那么将所选政体的运行与发展作为报告内容理论上就是理所应当的（尽管并非所有缔约国都会这么做）。而至于报告中关于人民所选择的都是民主政体的内容，则存在两种可能的因素。第一，对于那些实实在在地认同并鼓吹“内部自决”包括人民自由选择民主治理权利的国家（特别是西方国家）来说，他们当然得尽量做到言行一致，通过“积极承担”其人权义务实现对人权话语的控制。第二，诚如某些政治学者所言，时至今日，民主的基本理念和价值已经得到了国际社会的广泛认同。戴维·赫尔德（David Held）教授在其代表作《民主的模式》导论中精辟地总结道：“今天，政治领导人们，尽管其观点迥异，但都无一例外地标榜自己为民主人士。全世界所有的政治制度都把自己说成是民主制度，而这些制

---

① See CCPR, *Consideration of Reports Submitted by States Parties under Article 40 of the Covenant: Comments of the Human Rights Committee — Azerbaijan*, CCPR/C/79/Add.8 (3 August 1994), undocs.org/CCPR/C/79/Add.8, para. 5.

度彼此之间无论是在言论还是在行动方面都常常迥然不同。民主似乎使现代政治生活变得合法化了：因为一旦宣称它是‘民主’的，那么，法规的制定和法律的实施似乎就是合理和正当的。”①

由此可见，将本国民主政体发展的一般状况纳入全体人民的自决权的落实情况，表面上固然给人以二者互为表里的印象，但倘若细加推敲，却又似是而非。总体而言，笔者倾向于认为，一国之全体人民自由选择政治地位的权利是自决的根本特征和目的所在，但采用具有现代民主基本要素的政体，是大部分自决的必要条件而非充分条件。换言之，国际法上自决的对内层面的确强调人民的政治参与权利，但这并不意味着预设某种特定的政体。因此，在理论层面将“内部自决”与“民主”混为一谈是不严谨的做法。即便一国之全体人民真的享有“内部自决权”，在新的具有造法性质的国际文件面世之前，现阶段这种权利恐怕并不包括“民主权利”，而是会侧重于其他方面，特别是经济、文化和社会方面的权利，以及在排除外来干涉的情况下，通过其在国家权力机关的代表阻止少数地方势力非法单方面分离的企图的

① 大卫·赫尔德：《民主的模式》，燕继荣等译，中央编译出版社，2008，第1页。特别值得注意的是，对于某些人权状况并不尽人意的国家来说，“民主”是一件非常适合用来装点门面的装饰物，是让国际社会相信他们恪守“文明世界”底线的一种态度。

权利。[①]

三、一国自治领土上的人民

我们观察到，当今不少主权国家内部都存在着拥有不同程度自治地位的特殊领土。那么这些土地上的居民，是否能够被视为拥有自决权的“人民”呢？笔者认为，出于不同的历史和文化背景及因素，各国拥有自治地位的领土可以分为几种不同的类型，因此，解答这个问题，还需要具体问题具体分析。

（一）由前殖民地转化成的自治领土

第一种自治领土的形成与非殖民化存在着千丝万缕的联系。前两章已经提到过，并非所有前殖民地人民都选择了独立建国这一路径。通过政治途径，这些领土上的人民和前宗主国中央政府之间达成了妥协，从法律意义上正式承认了前宗主国中央政府对该领土的主权，作为让渡主权的交换，他们也获得了相当程度的自治或自主权利。这种情况在传统殖民大国英、法、荷等国的海外自治领土中几乎是司空见惯的。

那么这种自治或自主的权利是否就是一种“内部自决权”呢？笔者认为恐怕不能一概而论。首先，某些国家（如

① 特别需要注意的是，“民主权利”与“政治参与”的意义并不完全相同，后者比前者更有可能成为“内部自决”的一项内容。关于“内部自决”的政治层面，笔者将在第四章中做更加具体的辨析。

法国和荷兰）通过宪法的形式，对其海外自治领土未来独立的选项持相对开放的态度，那么对这些领土上的人民来说，非殖民化进程是否已告一段落就是一个开放的、可持续讨论的命题。一旦他们未来真的进一步选择了独立建国，其享受的就是传统非殖民化语境下的“外部自决权”。换言之，倘若他们在“一个国家，高度自治”的体制下享有“内部自决权”，这种有可能在特定情形下转化为“外部自决”的“内部自决”也是一种相对而非绝对的概念。与此相反的是，另一些国家（如英国）在国内立法或国家政策导向的层面对其海外自治领土人民独立建国的权利采取了较为消极的态度，尽管在“人权两公约”框架下中央政府仍然在书面上对这些人民的自决权利予以积极承诺。[①] 在宪法赋予的权限受限的情形下，这些领土上的人民所享有的恐怕就是绝对意义上的“内部自决权”了。

（二）主权国家内部的地方自治区

当今为数不少的主权国家依据其宪法确立了地方高度自治的制度，且其中一些国家认可这种地方自治也属于“自

---

① 参见第二章相关内容。需要指出的是，从理论上说，现行国际人权法对这些由殖民地转化为合法自治领土上的人民继续行使“外部自决权”的做法并无任何明确的禁止性规定，实践中国际社会绝大多数成员对这种做法也没有十分明显的异议。此外，这些领土中有一些仍在联大 24 人委员会所开列的“非自治领土”清单上，可能会导致一些争议，但根据该委员会的职能与立场，这些争议当属于非殖民化语境下的“外部自决”范畴，而非本书所讨论的“内部自决”问题。本书所称的“自治领土”，是相对当事国中央政府而言，“自治”的相关安排由当事国国内宪制调整。

决”的范畴，那么照此思路，生活在这些特定行政区域的公民自然也是拥有自决权的“人民”。从第二章的介绍可知，这种情况既存在于某些联邦制国家（如俄罗斯、比利时、埃塞俄比亚等），也存在于某些单一制国家（如英国、西班牙、叙利亚等）。然而，上述国家的态度并不属于绝对多数，因而此类实践并不足以形成某种法律确信。实践证明，即便是内部同样存在较为严重和紧迫的地方分离势力的国家，其在地方自治是否属于“自决”这一问题上的看法也并不一致，态度保守的国家以加拿大和法国为代表，立场较为松动的国家则包括英国和西班牙等。从根本上讲，这是由各国不同的宪制安排决定的。不过值得注意的是，主权国家地方自治领土上的公民是否构成可行使自决权的“人民”，这个问题目前尽管缺乏十足令人信服的法理依据，个别区域性人权机构的态度仍然给这一理论的规范化留下了一定的空间。①

四、土著人民

（一）关于“土著人”的定义问题

“土著人”（indigenous people）有多种不同称谓，如“原住民”（aboriginals）、“当地人”（natives）、“第一人”（first persons）或“第四世界”（the fourth world）等，但

---

① 参见第二章提到的非洲人权和民族权委员会关于“加丹加案”的结论。

在国际论坛上和国际法律文件中，“土著人”是最常用的。[1]据估计,《联合国土著人民权利宣言》通过的次年即2008年，全球土著人口总数在2.2亿至3.5亿之间，不到全球总人口数的5%。[2]

1982年成立的联合国土著人口工作组为工作便利需要曾试图给“土著人”下过一个定义，[3]国际劳工组织1989年通过的第169号公约（关于土著和部落民族）第1条的规定在精神上也基本上与此相吻合，即“独立国家内的部落民族，其社会、文化和经济条件使他们有别于国家社会的其他部分，其地位完全或部分地由他们自己的习惯或传统或由特殊的法律或规定来加以确定”，并强调他们“是在该国被征服或该国确定边界之时居住在该国或该国所属区域的人口的后裔，而且保留着他们自己的一些或所有的社会、经济、文化或政治机构”。[4]在这些工作的基础上，2006年，联合国土著问题常设论坛(UNPFII)第五届会议发布的简报认为，在尚无官方定义的情况下，对“土著”一词的一般理解应基

---

① 目前国内绝大多数研究少数者权利及自决权的学者均将 indigenous people 译为“土著人民”，中国政府及官方新闻媒体在公开场合也都使用“土著人民”一词，故本书将沿用这种译法。

② See John H. Bodley, *Victims of Progress* (Altamira Press, 2008), p. 2.

③ See Stamatopoulou, E., “Indigenous Peoples and the United Nations: Human Rights as a developing Dynamic,” *Human Rights Quarterly* Vol. 16 (1994), 71-72.

④ *C169 - Indigenous and Tribal Peoples Convention, (No. 169)* (1989), https://www.ilo.org/dyn/normlex/en/f?p=NORMLEXPUB:12100:0::NO::P12100_ILO_CODE:C169.

于以下要件：（1）当事人在个体层面“自我识别”（self-identification）为土著人民的一分子并被部族接纳为其成员；（2）具有前殖民地或前拓荒者时代社会结构的历史延续性；（3）与领地和周遭自然资源之间存在强有力的纽带关联；（4）拥有独特的社会、经济和政治体系；（5）拥有独特的语言、文化与信仰；（6）构成社会中的非主流群体；（7）决意保留并延续祖先的生活环境与体制，作为区别于其他人民与社群的特色。该简报着重指出，联合国认为，最有裨益的做法是根据一系列国际人权文本强调的“自我识别”的基本标准对土著人民加以“识别”（identify）而非“定义”（define）。[①]

《联合国土著人民权利宣言》起草者显然是在土著人团体的压力下采取了“自我鉴定”原则。[②] 该宣言在第33条第1款明确规定：“土著人民有权按照其习俗和传统，决定自己的身份或归属。”然而现实的问题是，目前国际上尚无被普遍认可的“土著人”定义。只要土著人的概念不能得到澄清，围绕土著人民究竟应当享有怎样的权利的争论就不可能止息，因为这涉及一个至关重要的问题：土

① United Nations Permanent Forum on Indigenous Issues (UNPFII), *Factsheet: Who Are Indigenous Peoples?* http://www.un.org/esa/socdev/unpfii/documents/5session_factsheet1.pdf.

② See Corntassel, J. J., & Primeau, T. H., "Indigenous 'Sovereignty' and International Law: Revised Strategies for Pursuing 'Self-Determination'," *Human Rights Quarterly* Vol. 17 (1995), 348-351.

著人与其他群体之间究竟存在怎样的区别？

（二）土著人与少数者、殖民地人民的概念辨析

给土著人下定义之所以如此困难，一个很重要的原因就是试图为土著人下定义的各方目的不尽相同。例如那些否定本国存在土著人的国家坚持将土著人概念与殖民化历史相联系，而以西方大国为代表的原殖民地宗主国为对抗其国内的土著人群体主张自决权而极力将土著人与少数者相混淆。[①] 白桂梅教授指出，造成这种分歧的根本原因就是在国际法上殖民地人民、少数者和土著人的地位是不同的，而这恰恰是关于自决权主体范围的关键问题。[②]

1. 土著人与少数者的关系

客观地说，在近几十年的实践当中，土著人与少数者的概念似乎最易被混为一谈。20 世纪 80 年代以来，涉及土著人的几桩代表性人权案件的法律适用都呈现出在《公民及政治权利国际公约》第 1 条（关于自决权）与第 27 条（关于少数者权利）之间徘徊的情况。单从语义上分析，土著人与少数者的概念确有相似甚至重叠之处，但二者间的差异也是显而易见的。

《公民及政治权利国际公约》第 27 条对“少数者”的文本界定是“人种的、宗教的或语言上的少数人”。尽管这

---

① See Barsh, R. L., “Indigenous Peoples: An Emerging Object of International Law?” *American Journal of International Law* 80 (1986), 373-376.

② 白桂梅：《国际法上的自决》，第 128 页。

不是一个明确的定义，但至少说明“少数”仅仅是“少数者”的必要非充分条件。单从字面意义上看，土著人群体似乎也部分符合第 27 条的条件。在人种方面，几乎所有人都同意各国土著人都将被列入与其所在国其他居民不同的种族之列；宗教方面的情况略显复杂，如美洲印第安人大都信奉其原始宗教，而欧洲土著居民（如北欧萨米人）的基督教化似乎较为彻底；最后，几乎所有土著人都将使用本部族的语言作为一项神圣不可侵犯的权利。

然而，上述观察并不足以成为土著人等同于“少数者”的理由。首先，土著人在某些国家和地区并非少数人，例如占格陵兰人口近 90% 的因纽特人（Inuits）和占危地马拉人口近 40%、与该国主流族群麦士蒂索人（Mestizos，即欧洲人与印第安人的混血后裔）几乎人数相当的玛雅裔（Mayan）印第安人。[①] 另外，不能简单地将土著人等同于少数者一个更重要的原因是，土著人大都是历史上殖民主义的受害者，而且至今都将自己与祖先领土的联系视为一种不可舍弃的文化纽带。[②] 这些特征显然是一般意义上的少数者所不具备的。

从法理上说，能否区分土著人与少数者概念的另一大关键因素，在于判定土著人权利和《公民及政治权利国际公

---

① 相关资料参见 https://www.cia.gov/library/publications/the-world-factbook/geos/gl.html，以及 http://www.theodora.com/wfbcurrent/guatemala/guatemala_people.html。

② See Suagee, D. B., “Self-Determination for Indigenous Peoples at the Dawn of the Solar Age,” *University of Michigan Journal of Law Reform* Vol. 25 (1992), 680.

约》所规定的少数者权利的性质是否不同。从《公民及政治权利国际公约》第27条的措辞上看，最大的争议点在于“属于此类少数者之人，与该团体中其他成员共同享有……”（persons belonging to such minorities shall not be denied the right, in community with the other members of their group, to enjoy…）是否意味着少数者的权利可以被视为集体权利。笔者在此较为赞同索恩伯里教授与克劳福德教授的分析。前者通过观察第27条的起草过程认为，起草者以“属于少数者之人”取代“少数者”是有意为之，理由是少数者不是法律的主体，而“与该团体中其他成员共同享有”则明确了少数者的群体特性，以区别于一般的少数者。[①] 后者则明确指出第27条“之人”（persons）的表述证明《公民及政治权利国际公约》保护的少数者权利是个人权利而非集体权利。[②]

土著人权利的性质则经历了一个长期嬗变的过程，这直接体现在土著人群体争取“人民”之名的斗争，因为只有“人民”才是国际法上的自决权的适格主体。因此国际劳工组织第169号公约虽然使用了indigenous peoples一词，却又在第1条第3款专门规定：“本公约使用的peoples一词不得被解释为包含该词在国际法上可能附带的

---

① See P. Thornberry, *International Law and the Rights of Minorities* (Clarendon Press, 1991), p. 149.

② See James Crawford, “The Rights of Peoples: ‘Peoples’ or ‘Governments’?” in *The Rights of Peoples*, ed. James Crawford (Clarendon Press, 1988), p. 60.

权利。"[①] 这一举动背后的用意不言而喻。然而，《土著人民权利宣言》的通过却在改变"土著人民"在国际法律文本上有虚名而无实权的尴尬处境方面迈出了第一步，因为序言第16、17段及第3、4条都明确了土著人民享有不可否定的自决权。即便不考虑自决权这一特殊权利，《土著人民权利宣言》全文出现"土著人民"（indigenous peoples）高达86次，仅有10处提及"土著人"（indigenous individuals）。这一现象本身也表明，《土著人民权利宣言》起草者的主要意图是敦促国际社会和主权国家采取有效措施保护土著人群体作为一个整体的权利而非个人的权利。相反的，从现有的国际法律文件和实践中可以看出，少数者至少在眼下还难以享有相似的集体权利。[②] 从这个意义上说，以集体名义共进退的土著人民至少比其他少数者团体更有理由成为作为集体权利的自决权的持有者。

2. 土著人民与殖民地人民的关系

可以肯定的是，绝大多数土著人民[③] 与殖民地人民拥有重要的共同之处，即他们都是历史上西方列强殖民统治的受害者。换句话说，在诸多语境下，土著人民可能被视为殖民

---

① 转引自 Lawrey, A., "Contemporary Efforts to Guarantee Indigenous Rights under International Law," *Vanderbilt Journal of Transnational Law* 23 (1990), 719.

② 用周勇教授的话说，就是"有关少数人权利的国际文件中所规定的都是个人权利，而土著人民权利则可能含有'人民'的权利"，见周勇：《少数人权利的法理》，社会科学文献出版社，2002，第41页。

③ 笔者之所以使用"绝大多数"这一定语是因为在少数国家和地区，历史上并未出现与当地土著人相对立的"殖民者"，例如萨米人所在的北欧诸国。

地人民的一部分甚至是全部。比如有学者就提出土著人是可以分类的，其中既包括来自亚非国家的、已通过民族解放斗争行使了自决权的前殖民地土著群体，也包括殖民移民社会（最典型的如美国、加拿大、澳大利亚和新西兰等国）中的“本土”人群或“新世界土著人民”（New World indigenous peoples）。[①] 相较于前者而言，在由前殖民者后裔构成“主流”社会的“新世界”国家中，土著人群仍然处于被压迫、被边缘化的境地。白桂梅教授甚至认为只有这一类土著人才是“真正的土著人”。[②] 倘若这种说法是有道理的，那么从理论上来说，“真正的土著人”就更加符合卡塞斯教授对习惯法上的自决权持有者（即 1970 年《国际法原则宣言》中提到的“遭受外来压迫、统治和剥削的人民”）的定义。卡塞斯教授认为这一措辞只能以一种假设的情形来解释，即某大国通过诉诸武力的方式统治了某外国领土上的人民。[③] 这一假设与历史上英国殖民者对美、加、澳、新当地土著居民所做的一切完全相符。因此，与殖民地人民相同或相似的历史遭遇使得土著人民同其他少数者相比更有历史依据主张行使习惯法上的自决权以自由决定自己的政治地位。[④]

---

① See J. J. Corntassel, & T. H. Primeau, “Indigenous ‘Sovereignty’ and International Law: Revised Strategies for Pursuing ‘Self-Determination’,” *Human Rights Quarterly* Vol. 17 (1995), pp. 352-353.

② 白桂梅：《国际法上的自决》，第 141 页。

③ See Cassese, *Self-Determination of Peoples*, p. 99.

④ 关于这一点，笔者将在以下第三部分做进一步阐述。

然而，土著人民与殖民地人民并非完全没有区别。首先，并非所有得到国际社会广泛承认的土著人民都是近现代传统意义上殖民主义的受害者，譬如北欧的萨米人。其次，正如某些学者所指出的那样，和世界上绝大多数在意识形态上或多或少地受到了前宗主国影响、通过非殖民化运动行使了自决权的人民相比，孤立主义是土著人文化的一部分，[①] 其特殊的生活方式和文化传统决定了他们拒绝被“主流社会”所同化。更为重要的是，在大多数案例中，土著人民（尤其是白桂梅教授所称的“真正的土著人”）不仅在人数上早已彻底沦为其居住国的“少数人”，而且他们近乎固执地抗拒和抵制同化直接导致他们理论上难以援引某些先例要求行使习惯法上的自决权。如此一来，对《土著人民权利宣言》赋予土著人民自决权这一举措进行学理上的解释就必须另辟蹊径。

（三）土著人民自决权的性质：“外部自决”还是“内部自决”？

土著人民肯定拥有参与全国性政治决策的权利，这一点在《土著人民权利宣言》第5条的措辞中也可以找到佐证：“土著人民……保有根据自己意愿充分参与国家政治、经济、社会和文化生活的权利。”但由于这一条款是单列的，与第3、

---

① See R. L. Barsh, “The Challenge of Indigenous Self-Determination,” *University of Michigan Journal of Law Reform* Vol. 26 (1993), 279-285.

4 条关于自决权的条款并列，因此可以推测起草者的基本态度是将其视为土著人的一项基本人权而非自决权。

至于《土著人民权利宣言》中具体规定土著人民享有“自决权”的第 3、4 条，其中，第 3 条是对土著人民自决权的总定性，即“自由决定自己的政治地位，自由谋求自身的经济、社会和文化发展”。表面上看，该条并未对土著人民自决权的适用范围做任何明确的限制，这无疑是为了满足各国土著人民代表的心理期许，因为他们始终抵制国际社会或本国政府任何可能针对其自决权的设限企图。[①] 不过，考虑到主权国家对领土完整可能遭到破坏的顾虑，《土著人民权利宣言》不可避免地通过第 4 条的措辞对土著人民行使自决权的方式做出了限制：

> 土著人民行使其自决权时，在涉及其内部和地方事务的事项上，以及在如何筹集经费以行使自治职能的问题上，享有自主权或自治权。

第 4 条暗含的一大争论焦点集中在如何理解“自主”（autonomy）和“自治”（self-government）的性质——

① See Helen Quane, “The UN Declaration on the Rights of Indigenous Peoples: New Directions for Self-Determination and Participatory Rights?” in *Reflections on the UN Declaration on the Rights of Indigenous Peoples*, eds. Steve Allen and Alexandra Xanthaki (Hart Publishing, 2011), pp. 259-260.

尤其是后者。诚如前文所言，根据某些学者的观点，“自治”是人民在行使“外部自决权”时除独立以外的一种替代性方案。[①] 倘若我们认真审视第 4 条的起草过程，也不难发现起草者曾有意无意地将土著人民自主与自治的权利代入“外部自决”的语境。第 4 条在最终成文之前曾作为《土著人民权利宣言》草案第 31 条被反复讨论，当时该条曾将土著人民享有自主权或自治权的“内部和地方事务的事项”细化为“文化、宗教、教育、信息、媒体、卫生、住房、就业、社会福利、经济活动、土地与资源管理、环境及非部族成员进入领土的问题”。[②] 其中，在经济活动、土地与资源管理方面的自治让人不禁将其与“外部自决”联系起来。卡塞斯教授在论述作为习惯法规则的“外部自决”时，就明确将“经济自决”——即殖民地人民自由处分其自然资源——作为通往“真正的独立”的最后一步。[③] 一些学者也将政府肆意开发土著人聚居区资源的行为称为“继续殖民行径”。[④] 由此可见，至少在《土著人民权利宣言》的起草阶段，相关措辞难免让人猜想：土著人民或许在法理上的确拥有与非殖民化息息相关的“对外自决”的权利。

---

① See Higgins, *Problems & Process*, pp. 113-114.

② See Quane, *Reflections on the UN Declaration on the Rights of Indigenous Peoples*, p. 270.

③ See Cassese, *Self-Determination of Peoples*, p. 99.

④ See Cambou, D & Smis, S, “Permanent Sovereignty Over Natural Resources: Natural Resources Exploitation and Indigenous People’s Rights in the Arctic,” *Michigan State International Law Review* Vol. 22 (1) (2013), 349.

然而将土著人民的自治权归为“外部自决权”也有问题。根据联大非殖民化特别委员会一些成员的观点，任何没有通过独立行使自决权的行为以后都应附加一个条件，即有最终满足人民的独立要求的选项，也的确有一些选择了独立以外自决方式的人民后来进一步获得了国家独立的胜利。然而，迄今没有任何一块位于主权国家内陆地区的土著人聚居地被列入联大非殖民化特别委员会认可的“非自治领土”名单。随着时局的变迁，全球各地的分离主义运动方兴未艾，国际社会也不得不越发重视主权国家在这方面的关切（特别是像加拿大这样境内既存在要求自决的土著人民，又深为其他分离主义势力所烦扰的国家）。恐怕正是基于这一点考虑，《土著人民权利宣言》第4条才盖棺论定，将所有土著人民有权自主或自治的“内部和地方事务的事项”悉数删除。由此可以推论，起草者还是倾向于将土著人民的自决权从原则上限定在其所在国范围之内。

由此可见，《土著人民权利宣言》第3、4条规定的土著人民的自决权，本质上的确是一种“内部自决权”。这种“内部自决权”，与卡塞斯教授所主张的“种族团体的内部自决”存在某些相似之处，但又有所不同。这主要是因为，土著人民的主体是拥有祖先遗留下来的土地的少数部落社群，而传统上享有自决权的受种族主义政权统治的人民则并非少数者。倘若将土著人民与“少数民族”或其他少数者群体混为一谈，则会引发更复杂的争议。

五、少数者群体与少数民族

少数者是一个非常特殊的群体。正如上文所分析的那样，少数者的权利从本质上来说属于个人权利而非集体权利，但是“一方面因为国家不愿赋予其管辖范围内的任何集体以权利，担心集体可能与国家对抗，所以就强调‘属于此类少数团体之人’才是权利的持有者……但是另一方面又不能无视少数者的集体因素，否则就与一般的个人没有区别了……”[①]这就必然造成少数者权利与自决权之间的渗透。前文已经提到，早在《世界人权宣言》起草之时，各国代表就时常在讨论少数者权利问题时就自决问题展开辩论。时至今日，“人权两公约”缔约国报告中也一直存在将少数者权利相关内容也纳入自决权部分的做法，公约委员会对此似乎也并未表示明显的异议。这些模棱两可的实践无疑加深了学界对自决权与少数者权利之间关系的困惑。

然而笔者以为，更加严重的问题突出体现在少数者群体中的一个更特殊的群体——“少数民族”（National Minorities）身上。早在“人权两公约”起草之时，针对是否应当将“少数民族”视为一个独立的权利主体，国际社会内部就存在过激烈的争论。[②]虽然最终反对的一方占据了上风，在最终文本中“少数民族”让位于更具包容性的“少数

---

① 白桂梅：《国际法上的自决》，第119页。
② 白桂梅：《国际法上的自决》，第113页。

者”，然而在政治与各国国内法层面上，“少数民族”概念始终是一个绕不开的敏感话题。和一般侧重强调经济、社会与文化权利的一般少数者群体相比，拥有众多人口及相对独立的社会组织形态的少数民族有着更多的政治诉求，自决当然首当其冲。

更加值得注意的是，在联大通过《土著人民权利宣言》前后，一些原本就在国际或地区事务中备受关注的少数民族［或所谓的“次国家群体 / 民族”（sub-state groups/nations），或“故土少数者”（homeland minorities）］，如库尔德人、巴斯克人、车臣人等，已经开始或准备比照土著人民自决权提出类似的诉求，这就很难不引起国际社会的关注。其实国际法学人们早就注意到了这个问题。布朗利教授早在 20 世纪 80 年代就提出，少数民族群体与土著人民面临的问题“原则上是相同的”。[①] 长期研究土著人权利的联合国土著人民人权与基本自由状况特别报告员詹姆斯·阿纳亚（S. James Anaya）教授也认为，少数民族群体与土著人民的权利“充分交叉”(intersect substantially)，将不可避免地得到“共同的规范性考量”（common normative considerations）。[②] 威尔·基姆利卡（Will Kymlicka）教授

---

① Ian Brownlie, “The Rights of Peoples in Modern International Law,” in *The Rights of Peoples*, ed. James Crawford (Clarendon Press, 1988), p. 5.

② See S. James Anaya, “International Human Rights and Indigenous Peoples: The Move towards the Multicultural State,” *Arizona Journal of International and Comparative Law* 21:1 (2004), 13-61, p. 21.

更具体地总结道，“次国家群体”在两大方面与土著人民存在相同或相似之处：（1）与故土的羁绊（attachment to a homeland）；（2）长期存在并拥有深植于历史中的文化及独特的政治和社会体制的社群（communities with historically rooted culture and distinct political and social institutions）。换言之，这两种群体都有正当的理由主张对其祖先领地进行管理并在该领地上建立公共机构保护和发扬其语言文化的权利，这样的权利甚至能够在一定程度上促成国家权力的重构——这显然超过了《公民及政治权利国际公约》第 27 条规定的适用于一般少数者的权利范畴。①

将少数民族与土著人民等同起来，甚至将前者并入后者的声音，不仅在理论界早有市场，也在实践中得到了一定程度上的响应，联合国早已在尝试将土著群体的甄别范围扩大到一些在非殖民化运动中获得独立的国家当中，从一开始就全程参与《土著人民权利宣言》谈判与起草的土著人民团体也不仅仅包括“新世界土著人民”。人权事务委员会在审议《公民及政治权利国际公约》缔约国报告时也时有将少数民族与土著人民相提并论的声音。② 然而，国际社会之所以尚不敢像对待土著人民一样大范围地承认少数民族的

---

① See Will Kymlica, “Beyond the Indigenous/Minority Dichotomy,” in *Reflections on the UN Declaration on the Rights of Indegenons Peoples*, ed. Allen and Xanthaki, p. 200.

② See ECOSOC, *Concluding Observations on the Fourth Periodic Report of Iraq*, E/C.12/IRQ/CO/4.

内部自决权，更多的是出自政治和国家主权安全的考量。已故的前联合国土著人口工作组负责人艾莉卡–埃琳娜·戴斯（Erica-Irene A. Daes）教授曾论述道，“考虑到（土著人民）族群体积的微小、资源的有限与脆弱性”，国家不应为土著人民行使自决权感到恐惧。[①]基姆利卡教授一针见血地指出，这句话暗含的另一层意义，正是承认国家有理由对拥有可观的人口与资源、力量甚至足以影响地缘政治格局的“次国家群体”的自立倾向保持高度警惕。倘若不将少数民族同土著人民严格区分开来，《土著人民权利宣言》的通过、国际社会今日对土著人民自决权的广泛承认，以及未来基于自决权的各项土著人权利体系的构建都将是镜花水月、沙滩楼阁。他将这一策略形象地比喻为“防火墙”(firewall)。[②]

尽管以基姆利卡教授为代表的一批国际法学人认为，上述将少数民族与土著人民做严格区分的“防火墙”策略存在“伦理上的不一致”（moral inconsistencies），笔者依然相信，在相当长的一段历史时期，在以保障国家利益为前提构建的国际法秩序下，充分尊重国家的主权安全考量本身是无可厚非的。上文已经提到，土著人民的内部自决权从本质

① See Will Kymlica, “Beyond the Indigenous/Minority Dichotomy,” in *Reflections on the UN Declaration on the Rights of Indegenons Peoples*, ed. Allen and Xanthaki, p. 202.

② See Will Kymlica, “Beyond the Indigenous/Minority Dichotomy,” in *Reflections on the UN Declaration on the Rights of Indegenons Peoples*, ed. Allen and Xanthaki, p. 202.

上来说，带有深厚的非殖民化烙印。因此，追根溯源，围绕少数民族是否拥有自决权的争议的症结恐怕正在于联合国层面“土著人民”甚至“殖民”（colonize）一词定义的缺失或不明确。广义上的“殖民”一词，原指一切外来定居者以暴力手段攫取本不属于其的地区或国家的管控与开发的权利的行为，只是地理大发现之后西方国家大规模的殖民行径赋予了其更多特定的政治内涵。国际组织和人权专家在对土著人民进行甄别的时候，很可能是从广义的角度理解“殖民”一词的，从而使得一开始对“土著人民”适格群体的甄别就突破了作为纯粹的殖民主义受害者的“新世界土著人民”的范畴。笔者认为，不可忽略的一个事实是：在一定意义上，人类的历史本就是一部漫长的迁徙和冲突史，其中本就不乏血腥和暴力行为。这些行为是否都能被大而化之地纳入国际人权法语境下的“殖民”的定义？笔者认为这值得商榷。同样的，联合国在扩大土著人民归类范围的问题上不应冒进，而应持谨慎的态度。[①] 至于少数民族的权利保护，国际社会仍应以《公民及政治权利国际公约》第 27 条的规定

① 在土著人问题上，中国政府的一贯立场是坚定支持促进和保护全球土著人的基本人权和自由，也是投票支持《土著人民权利宣言》的国家之一。但另一方面，中国政府不止一次在公开场合表示，中国境内不存在土著人问题。参见 2006 年 6 月 27 日联合国人权理事会中国代表团副代表董志华在理事会首届会议上的讲话，https://www.chinacourt.org/article/detail/2006/06/id/210596.shtml，以及中国代表梁恒在第 68 届联大三委关于土著人权利（议题 66）的发言，https://www.fmprc.gov.cn/ce/ceun/chn/zgylhg/shhrq/liandawanwei1/t1091934.htm。奥地利政府也否认其境内存在可被归类为土著人民的群体。

为基本原则，可以有限度地鼓励各国根据本国国情和宪法对人口较多、分布较为集中的少数民族的自治做出妥善安排，不宜轻言“自决”以免轻易干涉主权国家内政。

六、本章小结

长久以来，国际法上自决权的权利主体或持有者的范围一直备受争议。不论是在包括《联合国宪章》在内的所有提及自决原则的国际法律文件中，还是在以“人权两公约”为代表的国际人权条约中，“人民”一词都没有确切定义。从语义、历史和社会学等角度来说，“人民”“少数民族”“土著人民”等词语之间的联系也造成了一定程度的概念混淆，这给国际社会和学界划分自决权权利主体范围造成了更大的困扰。

客观地说，一些学者提出将自决权主体限定为殖民地人民和其他被压迫民族的观点，是出于维护国家主权平等和不干涉内政的国际法基本准则的考虑，初衷是值得肯定的。但正如王英津教授所言，这种做法有意无意地对自决权进行了片面的解读。“既然自决权已成为国际法承认的基本人权之一，那就应当是普遍性的权利。倘若把自决权界定为属于殖民地人民的权利，那它就不是普遍性的权利了，因而其也就称不上人权了。”[①] 在相关的国际实践已经证明“内部自

---

① 王英津：《自决权理论与公民投票》，第 95 页。

决权”在一定范围内确实存在的情况下，将自决权持有者限定为殖民地人民或外国军事占领压迫下的人民便更显不妥。

总体而言，从现阶段的国际法律实践来看，原则上得到国际社会承认的、未来最有资格行使“内部自决权”的“绝对主体”只有土著人民，尽管“土著人民”的甄别范围（特别是其与“少数民族”之间的关系辨析）及其自决权的行使权限仍存在争议。一国之全体人民也可能因其自由决定自己的经济、社会和文化地位以及反对地方分离势力的权利成为“内部自决权”的持有者和行使者。除此之外，主权国家内部一些地区人民得到该国中央政府与宪法授权的自治权，这在某些情况下可能被该国承认为“内部自决”的一种形式。值得注意的是，部分国家长期单方面坚持向人权条约机构报告这一实践的确可能构成对国际人权条约的履行承诺，从而使这些国家特定地区的人民成为“内部自决权”的“相对主体”。但必须坚持的是，这样的案例源自特定国家的单方面行为，缺乏普遍的国际实践，从而尚不足以形成某种法律确信，不能作为一种具有普遍性的规则约束所有主权国家。

第四章 自决的内容、形式、手段与限制：理论与案例

当自决被固定在非殖民化语境下的“外部自决”概念框架中时，人们自然习惯于将自决的内容囿于殖民地或受外来军事压迫的人民争取民族独立这一简单的印象中。然而，考虑到自决是一项基本人权的事实，特别在是“内部自决”或可被部分证实的当下，对这一传统印象进行理论上的突破便有了必要。当然，这种突破不宜过于激进，更不可被恣意曲解成干涉他国内政的理论工具。

另一方面，后非殖民化时期的“外部自决”的内涵也在传统的殖民地人民解放运动基础上有所延伸，催生了“救济性分离”等棘手的新问题。此外，通过回顾一些自决权的经典案例，我们也有必要探讨另一个严肃的问题，即随着国

际形势的变化，即使是传统非殖民化语境下自决权的实践，也留下了更多更复杂的历史遗留问题。这使人们逐渐意识到，即使国际社会对非殖民化语境下自决行动的支持始终占有实体上的合法性与伦理上的制高点，对自决权的行使似乎也不应再无条件地完全豁免于任何程序性的限制，否则会给国际和平与安全带来令人意想不到的变数。

一、“内部自决”

（一）“内部自决”的具体内容

根据《公民及政治权利国际公约》与《经济社会文化权利国际公约》共同第 1 条的规定，人民自决权的内容包括政治、经济、社会和文化多个方面。鉴于在所有研究自决权的学者当中，只有巴顿教授对“内部自决”的各个方面都有较为详细的探讨，本部分笔者将主要通过引用和辨析巴顿的观点，分别对这些方面进行解读。

1. 自由决定人民的政治地位

笔者认为，“内部自决”的政治方面或许是其最复杂也最易引发争议的部分。前文已经提到，按照不少国家（包括发达国家和发展中国家）政府和学者的观点，“内部自决”在政治上最重要或最基本的内容就是“民主的权利”。然而根据第三章的分析，我们发现这一点不论在理论上还是在实践中都是值得怀疑的。一方面，以西方所谓普世的标准去定义“民主”本身是一种武断的行为，甚至很容易与某些国家的意识形态偏见甚至霸权思维联系起来；另一方面，即使假定“自主选择政府形式”的确是“内部自决”的重要内容之一，[①] 这一表述和“民主”之间也并没有必然联系，[②] 况且在一般意义上，与“民主”直接相关的公民权利和政治权利都是个人权利而非集体权利。因此，简单而笼统地将“内部自决”的政治方面解释为“民主”显然欠妥。

相比较而言，笔者认为巴顿教授对“内部政治自决”（internal political self-determination）的解释更值得我们思考。在其专著中，巴顿教授将“内部政治自决”分为以下几个方面：（1）自主/自治（autonomy）；（2）政治参与（participation）；（3）与领土无关事宜的政治参与（non-territorial participation）；(4）其他任何应由人民自由决定的政治地位，包括是否实行联邦制（federalism）、中央权力如何下放(devolution)以及地方如何分权(decentralization)等。[③]

在巴顿教授的这套理论模型中，“自主/自治”与“政治参与”是“内部政治自决”最重要的内容，特别是当内部自决权的行使者是一个国家内部的一部分人民（譬如次国家

---

① 参见印度政府 1995 年提交的《公民及政治权利国际公约》履约报告：CCPR/C/76/Add.6，para. 32.

② 按照汉南姆教授对《赫尔辛基宣言》的解读，这里的“自主”还兼有“外部自决”的特征。

③ See Barten, *Minorities, Minority Rights and Internal Self-Determination*, p. 254.

少数者群体）时。[①]

笔者认为，倘若我们从更宏观的角度去解读巴顿教授的体系的话，“政治参与”可以说是“内部自决”政治方面的核心。从权利内容上来看，广义的“政治参与”可以包括政治自治的权利和参与政治咨商的权利；[②]从权利主体上来看，这两项权利都需要代表机构或代表人在得到其所代表的群体（当然也包括特定的“人民”）合法授权的情况下代为行使。这也就意味着，和所谓的民主权利不同，“政治参与”可以是一项集体权利，不论这个集体是一国之全体人民还是部分人民。最后，从既有的实践出发，即使我们承认并非所有认同自决存在内部层面的“人权两公约”缔约国都是“民主”国家，至少它们在重大公共事务的决策应由人民普遍参与这一点上是存在书面上的共识的。综上可见，将“内部自决权”政治方面的核心内容确定为人民借由代表行使的“政治参与权”而非“民主权利”是一个更容易为人接受的选项。

2. 经济、社会与文化的自由发展

除了自由决定政治地位以外，人民自由谋求他们的经济、社会和文化的发展是自决权的另一个重要内容。和政治方面一样，巴顿教授也根据自己的理解为“内部自决”的经

---

① See Barten, *Minorities, Minority Rights and Internal Self-Determination*, p. 254-255.

② 笔者认为，广义上的“政治参与”事实上涵盖了巴顿教授笔下“内部政治自决”的所有四点要素。

济、社会和文化方面各自建构了理论模型。

“内部经济自决”（internal economic self-determination）涵盖的范围包括：(1) 对自然资源的自由处置（free disposal of natural resources）；(2) 国内生产总值（GDP）的增长；(3) 人民人均收入的提高；(4) 人类发展指数（human development index, HDI）的提升；(5) 人民寿命的增长和健康；(6) 教育的保障和普及；(7) 人民体面的生活标准（decent standard of living）的保障。①

“内部社会自决”（internal social self-determination）的内容包括：(1) 人民物质和精神生活标准的提升；(2) 人民工作权利的保障；(3) 工会权利的保障；(4) 人民健康状况的改善；(5) 消灭饥饿；(6) 消除文盲；(7) 文化多样性的保护；(8) 政治参与。②

最后，“内部文化自决”（internal cultural self-determination）则包括对文化符号、仪式、信仰、传统、艺术创造、舞台艺术、音乐、戏剧、博物馆、考古遗产、图书馆、文学、广播电视和体育等人文活动及其产物的保护和发扬光大。③

可以看出，上述对“内部自决”经济、社会和文化方面的分解试图面面俱到，企图将所有与人民经济、社会和文化生活相关的内容纳入“自决”的范畴。然而笔者认为，巴

---

① See Barten, *Minorities, Minority Rights and Internal Self-Determination*, p. 256.

② See Barten, *Minorities, Minority Rights and Internal Self-Determination*, p. 257.

③ See Barten, *Minorities, Minority Rights and Internal Self-Determination*, p. 259.

顿教授对“内部自决”的解释如此“包罗万象”，结果反倒近似于“四不像”，从整体上削弱了她理论的说服力，特别是和之前她对政治自决的总结和阐释相比。倘若一定要形而上地从集体权利的角度去解读上述内容，我们或许只能将之解释为作为集体人权的发展权所要实现的目标。[①]笔者认为，这些内容当中的大部分以“人权两公约”规定的相关个人权利视角来解读可能更加恰当。[②]造成这种尴尬的根本原因在于，经济、社会和文化自决本质上与政治自决的地位是“不平等”的，前者的实现是后者的宗旨、目的与成果，后者的实现则是前者的前提。

不过这种文本表述层面的不足本身并不能证明“内部自决”的非政治方面是没有价值的。第一，人民自由处置自然资源的权利是经济自决（包括“内部自决”）最重要的内容之一，这一点已经在理论界和实践中达成了高度的共识。第二，和“外部自决”一样，在“内部自决”的所有方面中，

---

① 王文熹：《国际人权法视野下的发展权》，《法制与社会》2014 年第 27 期。然而值得注意的是，作者论证发展权的“集体属性”的依据之一是《公民及政治权利国际公约》第 27 条规定保障的“少数者的集体权利”。这种论述显然是值得商榷的。

② 其实这种表述上的混乱恰恰是实践当中“内部自决”的经济、社会和文化方面很难处理的尴尬现状在理论总结上的必然体现。诺瓦克教授曾以“卢比康湖队群案”中人权事务委员会更改申诉人诉状（将案由从当事国侵犯申诉人依《公民及政治权利国际公约》第 1 条享有的经济自决权变更为当事国侵犯其依公约第 27 条享有的相关文化权利）的做法来例证这种尴尬。See *Lubicon Lake Band v. Canada, Communication No. 167/1984*, para. 33; *UN Covenant on Civil and Political Rights*, para. 40, p. 26.

自由决定相关的政治地位是落实其他方面的前提和充分条件，这从巴顿教授将“政治参与”也归纳为“内部社会自决”的这一有心之举当中也可以得到印证。特别是对涉及自然资源自由处置的“内部经济自决”来说，其与“内部政治自决”的关系尤为密切。[①]

（二）实现“内部自决”的形式

不论是《联合国宪章》、“人权两公约”、《非洲人权和民族权宪章》，还是其他所有提及自决权或有与自决相关内容的国际法律文件，都从未对实现自决权的形式进行过明确的规定或界定。一些学者认为，《联合国宪章》第11、12章即隐含了自决权的形式——非自治领土和托管领土实现自治或独立。[②]但这仅仅是就“外部自决”而言的。相比之下，学界关于“内部自决”实现形式的表述更加莫衷一是。然而笔者认为，在前文已然明确了“内部自决”内容的前提下，其具体实现形式并非无迹可循。简言之，既然“内部自决”的政治方面是一切的前提和基础，“内部自决”的具体实现形式必然是某种与集体性的“政治参与权”直接相关的政制安排。

首先，在一般概念中，人们很容易认定：与“自由决定政治地位”的理念最为接近的政制形式就是“自治”

---

① See Nowak, *UN Covenant on Civil and Political Rights*, para. 39, p 26.

② 白桂梅：《国际法上的自决》，第148页。

（self-government/autonomy）。前文就已提及，威尔逊从一开始就更喜欢使用“自治”而非“自决”一词来阐述他对一战后国际秩序的构想，虽然如此也无人能够忽视他的理念对当代国际法上的自决原则与自决权产生了怎样重要的影响。自《欧洲地方自治宪章》《世界地方自治宣言》等文本面世以来，以“去中央集权化”（decentralization）为基本理念的地方自治运动似乎大有被“人权化”的趋向。[①] 从理论上来说，地方自治正是巴顿教授“内部政治自决”模型中权力下放和分权的具体体现。而在实践中，如前文所述，不少联邦制或单一制国家政府也将保障地方自治作为其履行“人权两公约”第 1 条之规定的重要甚至主要内容提交给公约委员会审议，而后者对这种做法也并未表现出明显的异议。如果说个别国家的行为尚不足以形成造法实践的话，更有说服力的实例则出现在目前最为国际社会所认可的“内部自决”渊源——《土著人民权利宣言》中。《土著人民权利宣言》第 4 条提纲挈领地指出，土著人民行使其自决权的重要表现是享有自主权或自治权。关于怎样“自治”的问题，《土著人民权利宣言》也在相关条目中做了详细的解释，几乎涵盖了和主流社会行政、立法、司法相近的所有权限，譬如土著人民有权维护和加强他们自己特有的政治、法律、经济、社会和文化机构（第 5 条），有权保持和发展本部族的决策

---

① 王建学：《作为基本权利的地方自治》，第 184 页。

机构（第 18 条），以及有权促进、发展和保持其特有的司法制度（第 34 条）等。结合上述事实，我们可以得出一个初步的结论：尽管始终有学者力图论证“自治”与“自决”这两个名词之间在理论上存在怎样明确的分野，[①] 但不可否认，在现实当中，自治与自决之间确实存在某种内在的逻辑关联。或者我们可以说，自治是自决（当然包括“内部自决”）的一种“结果形式”。[②]

然而，自治是否是“内部自决”的唯一实现形式呢？之前笔者曾提到，主权国家内部的地方自治也只是广义上的“政治参与”的一个类型。倘若我们将“内部自决”的权利主体限定为一国境内、与祖先土地息息相关的部分人民（如土著人民），那么自治就是他们行使自决权最基本和不可或缺的保障（当然不是唯一的形式）。倘若将权利主体扩大到一国之全体人民的话，中央主权层面的“政治参与”便上升为全体人民行使“内部自决权”的基本形式，即人民直接通过自己在国家权力机关的合法代表决策国家大计。鉴于“内部自决”的出发点之一是反对和阻止后非殖民化时期为国际社会所承认的独立主权国家的二次分裂，为防止地方的自治突破必要的宪法界限转化为分离行为，主权层面全体人民的政治参与在极端情况下应当对地方层面部分人民的政治

① 耶尔·塔米尔：《自由主义的民族主义》，陶东风译，上海世纪出版集团，2005，第 63—65 页；王英津：《自决权理论与公民投票》，第 157—160 页。

② 王英津：《自决权理论与公民投票》，第 161 页。

自治形成制衡。这就涉及本书接下来要讨论的问题——实现“内部自决权”的具体手段与限制因素。

（三）实现“内部自决”的手段与限制因素

笔者在第三章和本章第一部分中尝试回答了“内部自决”在法理上“由谁决定”和“决定什么”的问题，接下来将在本部分中讨论“如何决定”的问题。首先，和“外部自决权”一样，我们在三个载有自决权的国际人权条约中找不到任何关于“内部自决权”行使手段的明确规定，不过在《土著人民权利宣言》当中我们还是可以找到一些蛛丝马迹。《土著人民权利宣言》第15、17、19、30、32、36和38条中均提到各国政府应当与土著人民“协商”处理相关事务，而在这其中第19、30、32、36条与自决权的关系最为密切。[①] 尽管《土著人民权利宣言》通常使用的是将政府作为主语的类似“各国政府……与土著人民进行协商”的句式，表面上强调了政府应放低姿态充分尊重土著人民的权利，但从另一个角度来说，这种措辞也从反面对土著人民行使自决权的手段进行了限定。特别是《土著人民权利宣言》第4条删除了原草案第31条中对土著人民内部事务的详细分类，这或许也从侧面证明了国际社会在土著人民应在同其所居住国政府的谈判中确定自决权的边界方面达成了一定共识。[②]

---

① 参见第一章相关内容。

② See Quane, “*The UN Declaration on the Rights of Indigenous Peoples,*” p. 271.

除了在很大程度上得到国际社会认可的土著人民的自决权外，其他“内部自决”的情形则要复杂得多。当“内部自决权”的行使主体是一国的部分人民时，他们的自决诉求往往涉及自身政治地位的重大变动，譬如争取更大权限的地方自治，甚至是要求将其聚居地分离出去独立建国。实践中，他们为实现这些目标所采取的最常用的手段是发起所谓的公民投票（plebiscite 或 referendum，以下简称“公投”）。某些学者将plebiscite译为“自决性公投”，将 referendum 译为“民主性公投”，认为前者才是自决的实现手段之一，后者和自决则属于两个截然不同的概念，不应混为一谈。[1] 笔者认为，这种译法及观点有待商榷。且不论在语意上 plebiscite 与 referendum 是否存在本质上的差异，至少在实践当中，由国际社会组织和监督的 referendum，作为“外部自决”的实现手段之一，已经在联合国层面得到了国际社会的普遍认可。[2]

---

① 王英津：《自决权理论与公民投票》，第 214—216 页。

② 例如，联大关于西撒哈拉问题的一系列决议均说明，国际社会对于 referendum 可作为非殖民化语境下的“外部自决”的一种手段是完全认可的。譬如，第 36/45 号决议（未经投票一致通过）中存在这样的措辞：“……就自决问题公平地进行一次普遍、自由的全民投票（...the fair conduct of a general and free *referendum* on self-determination）。” See UNGA, *Question of Western Sahara: resolution / adopted by the General Assembly*, A/RES/36/46 (24 November 1981), undocs.org/A/RES/36/46, para. 6. 同样的，第 45/21 号决议（未经投票一致通过）再次明确提到“组织和监督西撒哈拉人民进行公正和不受任何约束的自决全民投票（a *referendum* for self-determination）”。See UNGA, *Question of Western Sahara: resolution / adopted by the General Assembly*, 20 November 1990, A/RES/45/21, undocs.org/A/RES/57/135, para. 6.

然而在后非殖民化时期，作为“内部自决”的实现手段，公投的确存在吊诡之处，因为这种手段存在一个“唯结果论”的变量：倘若公投的结果是主张继续维持内部自治或反对分离的力量占据了优势，那么此次公投就可以被视为相关人民行使“内部自决权”的措施；倘若公投结果是分离主义者获胜，那么此次公投就可能成为新的“外部自决”行为的标志性事件。正是这种令人不安的不确定结果使得以“自决”为名义的公投的合法性时常在国内或国际上遭受质疑。退一步说，即便相关各方原则上对公投的合法性问题不表示反对，但他们却极易在公投的具体操作层面产生更加复杂的分歧，譬如参与公投的选民资格问题等，导致问题久拖不决。

另外，倘若公投涉及的是某个主权国家内部的某块领土的最终地位归属问题，通过诉诸公投要求实现“自决”的人民从宏观上来说也只是该主权国家全体人民的一部分。当除了要求扩大自治或分离的人民之外的其他大部分人民反对他们单方面的“自决”行动时，其他大部分人民通过其在国家权力机构的合法代表采取宪政法治框架内的反制措施，理论上也应被视为他们行使“内部自决”的一种手段，只要这些措施是具有普遍集体代表性的“政治参与”的结果。当然还存在一种可能性，那就是在合宪合法的前提下，具有普遍代表性的政府通过协商认可了“自决”公投的合法性与最终结果。在这种情况下，一国之全体人民与部分人民对自决权的行使便在理论上实现了相对的辩证统一。[①]

二、"外部自决"的新问题："救济性分离"

前文提到，"内部自决"理论兴起的动因之一，就是国际法学界试图调和后非殖民化时期非殖民地人民的自决诉求与国家主权和领土完整原则之间的矛盾而设计的一种"替代性"方案。然而正如某些学者所观察到的那样，实现"内部自决"的过程时常意味着一国内部政治、经济和社会体系的复杂重组，这一过程当中存在极大的不确定性。一旦这种重组难以达到预期的效果，中央政府与民间或地方势力的矛盾难以调和，地方宗派主义兴起的可能性便会剧增，其最终将可能迫使国家从"内部自决"走向"外部自决"（分离）的不归路。[②]在后非殖民化时期，主权国家内部部分领土上的人民及其代表单方面宣布独立建国或并入他国，是否是人民合法行使自决权的一种方式？国际法学界始终莫衷一是。

在多种理论当中，作为"内部自决"可能派生的一种极端性选项，"救济性分离"的概念似乎在最近十余年受到了更多的关注和支持。很难说"救济性分离"理论的真

① 当然，这种情况存在三种可能性：（1）代表全体人民的政府同意部分人民的分离诉求；（2）代表全体人民的政府同意部分人民扩大自治的诉求；（3）代表全体人民的政府和部分人民均同意维持现状。在第一种可能性下，全体人民行使了"内部自决权"，成功分离的部分人民最终行使了"外部自决权"；在第二、三种可能性下，全体人民和部分人民最终都行使了"内部自决权"。

② See Rob Dickinson, "Responsibility to Protect: Arab Spring Perspectives," *Buffalo Human Rights Law Review* 20 (2014), p. 122.

正源头在哪里。一种观点认为，1921年国际联盟理事会专家组关于奥兰群岛（Åland Islands）地位的最终意见书就是早期国际法学人肯定“救济性分离”的典型案例。在分析奥兰群岛岛民是否有权将该群岛从芬兰分离出去的问题时，专家组表示：“构成主权国家一部分的少数者群体，若想从该国分离出去，并且并入另一个主权国家，这种解决方式只能被视为一种例外，即当该国没有力量或意愿为他们制定并实施正当而有效的保障性法律时，他们方可采取这最后的手段。”① 这一思路在1995年非洲人权和民族权委员会对“加丹加案”做出的结论和1998年加拿大最高法院关于魁北克问题的咨询意见等涉及自决权的案例文本中均得到了继承。② 国际法学界也有一种声音认为，“救济性分离”源自1970年《国际法原则宣言》的“保留条款”。这一派学者提出，卡塞斯所提出的“种族团体的内部自决”，实质上指的也就是种族主义政权统治下受到长期的制度性、系统性歧视的部分人民分离出去、独立建国的权利。③

---

① *Commission of Rapporteurs, League of Nations Doc. B.7.21/68/106* (1921), Official Journal, Suppl. No. 5, 1921, p. 24, cited in: *Accordance with International Law of the Unilateral Declaration of Independence by the Provisional Institutions of Self-Government of Kosovo (Request for Advisory Opinion) – Written Statement Addressed to the International Court of Justice by the Swiss Confederation*, https://www.icj-cij.org/public/files/case-related/141/15614.pdf, para. 67.

② See Christine Griffioen, *Self-Determination as a Human Right: The Emergency Exit of Remedial Secession* (Utrecht: Science Shop of Law, Economics and Governance, 2010), pp. 104-107.

③ 王英津：《有关“分离权”问题的法理分析》，《世界经济与政治》2011年第12期。

上述两种观点的共同点在于，它们都认同分离应是部分人民在争取“内部自决权”或其他基本权利的过程中受到当局的残酷压制且国内和国际和平手段都穷尽的情形下被迫采取的最后选项。然而无论国际法学人们怎样小心翼翼地论证“救济性分离”的合法性和正当性，这一议题固有的理论和实践漏洞却是无法回避的。从理论层面来说，支持“救济性分离”学说的学者往往一方面认可分离是一种特殊的“权利”，另一方面却难以进一步辨析清楚这种“权利”究竟是一种尚缺乏制度基础的道义诉求还是一项得到国际社会承认的法律权利。[①] 此外，究竟怎样的情形才有理由被认为符合“救济性分离”的最低标准，即一国存在“大规模且持续性的人权侵害”，且所有和平的救济手段都已告罄？即便普遍认同“救济性分离”是一项法定权利的西方学者也对这个问题感到为难，毕竟这些应然的理论标准比公认的实然国际法规范要模糊得多，存在太多的自由诠释空间（leeway）。[②] 从实践角度来看，现有的国际和国内案例也很难证明“救济性分离”已经或正在成为一项实然法权利。譬如，一些人可能将2010年国际法院关于科索沃当局单方面宣布独立的合法性问题的咨询意见视为“救济性分离”在

---

① 王英津：《有关“分离权”问题的法理分析》，《世界经济与政治》2011年第12期。

② See Anne Peters, “Crimea: Does ‘The West’ Now Pay the Price for Kosovo?” https://www.ejiltalk.org/crimea-does-the-west-now-pay-the-price-for-kosovo/, published on 22-04-2014.

国际司法层面得到承认的例证，但法院只是认为单方面宣布独立的行为“并不违反”国际法而不是“符合”国际法。[①]当以更严谨审慎的态度审视这番表态时，笔者更倾向于认为这不过是法院对实然国际法无法过多干预一国宪制安排的客观陈述，本身并不带有任何主观的价值评判。在国际社会缺乏对“分离权”问题进行评判的第三方权威机构的情况下，“救济性分离”极难在国际法实践中取得足以令各方达成最低限度一致的实质性突破。

国际社会难以就“救济性分离”问题达成共识，还因为上述漏洞很容易在现实的国际政治博弈中使“救济性分离”成为个别国家为争取一己利益最大化而争相利用的话语工具。在近年来的国际政治实践中，西方国家一面支持科索沃独立一面又宣称科索沃只是“特例”的矛盾表态等事例很难摆脱大国滥用这一理论粗暴干涉他国内政的嫌疑。而学界和政界围绕“救济性分离”最低标准如何界定而产生的争议，也有可能对国际法学理论与实践的联动造成潜在的不利影响。[②]针对这一切现象的各种批评或反诘更容易陷入各方死守各自立场的死局，变成“公说公有理，婆说婆有理”的政

① 关于科索沃案中各方针对“救济性分离”问题的辩论与分析，详见本章第三、（三）部分相关内容。

② 以 2017 年 10 月发生的加泰罗尼亚“公投”分离风波为例，包括中国、俄罗斯和大部分西方国家政府在内的大部分政界人士对加泰罗尼亚地方当局的行为多持反对或担忧的态度，而学界特别是国际人权专家则多批评西班牙政府“滥用警力”“压制公开辩论”等行为。这种政界与学界在同一人权事件上公开对立的倾向令人深思。

治闹剧。

综上，笔者认为，鉴于国际法规则的形成必须建立在相当程度的共识之上，在目前相关理论与实践的鸿沟难以弥合的情况下，“救济性分离”想要获得某种规范属性在相当长的一段时间内都是不切实际的。国际法和人权学者在有限度地肯定“内部自决权”的同时，不宜武断地在“分离权”问题上释放不恰当的信号，避免后者继续对国家主权平等原则与领土完整原则造成令人担忧的冲击。

三、后非殖民化时期自决权问题典型案例及其分析

（一）非殖民化的历史遗留问题：巴勒斯坦、西撒哈拉、查戈斯群岛

1. 巴勒斯坦

巴勒斯坦问题的历史渊源悠久。公元前 12 世纪，非利士人和希伯来人到这一地区定居。公元前 11 世纪，希伯来人建立了希伯来王国。公元前 10 世纪，希伯来王国分裂为北部的以色列王国和南部的犹太王国。以色列王国和犹太王国灭亡后，随着外族的不断入侵，从公元前 1 世纪起，犹太人逐渐从巴勒斯坦流散到世界各地。19 世纪后期开始，欧洲犹太知识分子开始鼓吹犹太复国主义，并逐渐得到英美等西方大国的支持。1922 年 7 月，国际联盟正式批准将巴勒斯坦交由英国委任统治。在英国统治当局庇护下，大批犹太人返回巴勒斯坦占领当地阿拉伯人的土地。1933 年

开始，为逃避纳粹德国的疯狂迫害和种族灭绝，犹太人向巴勒斯坦的移民活动达到高潮，与阿拉伯人之间的矛盾亦不断升级。1947 年联大第 181 号决议决定在巴勒斯坦土地上分别建立以色列国和阿拉伯国，并宣布耶路撒冷为联合国管辖的国际城市，归属待定。然而，以色列通过四次中东战争，占领了大片阿拉伯国家领土，先后吞并东西耶路撒冷并在此定都，大量巴勒斯坦人被迫流落到周边国家或世界各地，沦为难民。在这种情况下，巴勒斯坦解放组织于 1964 年 5 月成立，开始武装对抗以色列政府。1988 年 11 月，巴解组织宣布以联大第 181 号决议为基础，建立以耶路撒冷为首都的巴勒斯坦国，并承认以色列国，逐步开启了艰难而曲折的巴以和平进程。巴勒斯坦问题一直是国际社会公认的威胁国际和平与安全的重大难题，是中东问题的核心所在。

2002 年，以色列政府以保护本国平民免受巴勒斯坦武装人员袭击为由，开始在约旦河西岸三个地区修筑长达数十千米的名为“安全围栏”的隔离墙，引发巴勒斯坦当局的强烈抗议和国际社会的严重关切。巴解组织宣称，隔离墙的走向加强了在巴勒斯坦被占领土地上非法建立的犹太人定居点，隔断、减小和瓜分了巴勒斯坦领土，妨碍了巴勒斯坦人民行使自决权。2003 年 12 月 8 日，联大第十届紧急特别会议续会第 23 次会议通过决议，请求国际法院就以色列在包括耶路撒冷及周围地带的巴勒斯坦被占领土上修建隔离墙有何法律后果发表咨询意见。2004 年 7 月 9 日，国际法院发表了咨询意见，以 14 比 1 的压倒性多数意见认定以色列修建隔离墙的行为违反国际法并有义务终止其违法行为。关于本案涉及的自决问题，法院确认，隔离墙的修建将造成吞并巴勒斯坦领土的既成事实，严重妨碍了巴勒斯坦人民行使自决权。[①] 不过法院在咨询意见中也注意到，在巴以双方业已互相承认、开启和谈的大背景下，巴勒斯坦武装人员针对以色列本土和平民的袭击行为也妨碍了自决权的实现，双方之间的不信任和持续性的冲突，极易使看似简单的"自决"问题节外生枝。[②]

巴勒斯坦人民自决权的问题还有可能涉及第三国或国际机构对巴以两国及相关领土法律地位的意见。2017 年 12 月 6 日，时任美国总统唐纳德・特朗普（Donald J. Trump）宣布美国承认耶路撒冷为以色列首都，表示将把美国驻以色列大使馆从特拉维夫迁至耶路撒冷。2018 年 5 月 14 日，美

---

① See *Legal Consequences of the Construction of a Wall in the Occupied Palestinian Territory (Advisory Opinion)* [2004] ICJ Rep 136, p. 184.

② 尽管绝大多数法官认为以色列在被占领土上修建隔离墙的行为是非法的，但法官们就本案应在多大程度上适用自决原则或自决权这一问题仍存在分歧。希金斯法官在其个别意见中提出，即便隔离墙从未修建，巴勒斯坦人民也依然不能够行使自决权，因为墙的存在与否并不妨碍巴勒斯坦领土被以色列占领的事实，而这种状态的结束要求巴以双方同时接受国际法给予它们的责任。彼得・科艾曼斯（Peter Kooijmans）法官在个别意见中也认为：法院应当把自决问题留给政治进程处理，而且更大的问题在于，以色列修建隔离墙的行为和巴勒斯坦武装人员的袭击活动都妨碍了自决权的实现，尽管这些行为并不一定构成对尊重自决权的义务的违反。See *Legal Consequences of the Construction of a Wall in the Occupied Palestinian Territory (Advisory Opinion)* [2004] ICJ Rep 136, p. 214-215 & 228-229.

国位于西耶路撒冷的新大使馆正式揭幕。9 月 28 日，巴勒斯坦国政府向国际法院提起诉讼，指控美国政府违反《维也纳外交关系公约》，在非接受国领土上安置大使馆。[①] 目前本案暂处于搁置状态。[②] 根据国际法，在相关领土地位问题不明朗的情况下，“过急的承认”可能被视为一种干涉行为。[③] 因此，尽管本案表面上讨论的是对《维也纳外交关系公约》相关条款的解释，但实质上也涉及对巴勒斯坦人民的自决权尊重与否的问题。2021 年 2 月，国际刑事法院预审分庭裁定，自决权属于《罗马规约》第 21 条第 3 款所规定的“国际承认的人权”之列，在巴勒斯坦业已加入规约的情况下，基于巴勒斯坦人民的自决权，法院有权将其对“巴勒斯坦情势”的管辖权延伸至以色列 1967 年后占领的巴领土之上。[④] 上述两案的后续发展，值得学界给予持续性的关注。

2. 西撒哈拉

西撒哈拉地区位于非洲西北部，地处撒哈拉沙漠西部，

---

① See ICJ, *The State of Palestine institutes proceedings against the United States of America* (Press Release No. 2018/47), https://www.icj-cij.org/files/case-related/176/176-20180928-PRE-01-00-EN.pdf, p. 1.

② 2018 年 11 月，法院指令巴勒斯坦应于次年 5 月 15 日前提交诉状，美国应于次年 11 月 15 日前提交答辩状。但截至目前两国尚未有进一步行动推进程序。See ICJ, *Relocation of the United States Embassy to Jerusalem (Palestine v. United States of America)* (Order of 15 November 2018), https://www.icj-cij.org/public/files/case-related/176/176-20181115-ORD-01-00-EN.pdf, p. 6.

③ 白桂梅：《国际法》，北京大学出版社，2015，第 144 页。

④ See International Criminal Court (Pre-Trial Chamber), *Decision on the "Prosecution request pursuant to article 19(3) for a ruling on the Court's territorial jurisdiction in Palestine"*, ICC-01/18-143 (05 February 2021), paras. 122-123.

濒临大西洋，与摩洛哥、毛里塔尼亚和阿尔及利亚相邻，主要居民为阿拉伯人、柏柏尔人和撒哈拉人。公元 7 世纪时即有阿拉伯人进入该地，15 世纪中叶葡萄牙人和西班牙人相继入侵。1934 年，西撒哈拉全境正式沦为西班牙殖民地，1958 年又被改为西班牙的海外省，称“西属撒哈拉”(Spanish Sahara)，首府为阿尤恩。1973 年 5 月，“萨基亚阿姆拉和里奥德奥罗人民解放阵线”（以下简称“西撒人阵”）宣布成立，决定通过武装斗争争取西撒哈拉独立。西撒哈拉邻国阿尔及利亚、摩洛哥和毛里塔尼亚也一直公开反对西班牙对西撒哈拉的统治，其中摩洛哥和毛里塔尼亚均认为西撒哈拉属于本国领土。前者坚称，自古以来，当地部落组织即依附于摩洛哥苏丹的主权统治之下；后者则主张，当地部落自古以来构成“彼拉德–欣盖提”(Bilad Shinguitti) 或“毛里塔尼亚实体” (Mauritanian entity) 的一部分。①

1975 年 11 月 14 日，西班牙、摩洛哥和毛里塔尼亚三国签订《马德里协议》，规定西班牙应于 1976 年 2 月 28 日前完全撤出西撒哈拉。西班牙军队与政府人员按时撤离后，摩洛哥和毛里塔尼亚随即签订了西撒哈拉分治协定，但此举受到阿尔及利亚的谴责和西撒人阵的坚决反对。1976 年 2 月 27 日，西撒人阵宣布成立“阿拉伯撒哈拉民主共和国”(SADR)，法定“首都”仍为阿尤恩。此后，摩、毛两国

---

① See *Western Sahara (Advisory opinion)* [1975] ICJ Rep12, p. 40.

军队与得到阿尔及利亚支持的西撒人阵武装人员不断发生冲突。1979 年 8 月，毛里塔尼亚正式放弃对西撒哈拉的领土要求，退出西撒战争，摩洛哥军队乘机占领了毛里塔尼亚退出的地区。20 世纪 80 年代中期，摩洛哥在西撒哈拉修建了一道长墙，将长墙以西具有经济战略意义的领土包围起来，设立行政机关。西撒人阵则控制了长墙以东小部分荒芜地区，建立了难民营，但是无法取得更大的战果。双方就此在西撒哈拉形成了对峙之势。

国际社会对西撒问题始终高度关注。从 1979 年到 1983 年，非洲统一组织多次呼吁在西撒哈拉实现全面停火，并组织公民投票以决定独立或维持现状。1984 年，西撒人阵领导下的西撒哈拉政府正式加入非洲统一组织，并出席第二十届非统组织首脑会议，摩洛哥随即退出非统组织以示抗议。联合国方面，自 1975 年以来，联大屡次通过关于西撒哈拉问题的决议，重申西撒哈拉人民有不可剥夺的自决的权利，呼吁各方寻求和平解决之道。1988 年 8 月，时任联合国秘书长德奎利亚尔（Javier Perez de Cuellar）会见摩洛哥和西撒人阵外交代表，向他们各自递交了一份解决西撒问题的和平建议。对于该建议，摩洛哥原则上表示同意，西撒人阵也表示能够有条件地接受。1990 年 6 月 19 日，德奎利亚尔秘书长发表西撒局势调查报告，提出了西撒和平方案的执行计划。1991 年 4 月 29 日，联合国安理会一致通过第 690 号决议，批准秘书长关于西撒哈拉公民投票的修正案，成立联合国西撒哈拉公民投票特派团（MINURSO，以下简称“联合国西撒公投特派团”）。当年9月6日，摩洛哥和西撒人阵宣布正式停火，结束了长达16年之久的军事冲突。国际社会的下一步动议，就是举行公民投票以决定西撒哈拉的前途。然而，由于冲突双方在确定选民资格等重要问题上存在严重分歧，公投一拖再拖，联合国西撒公投特派团的任期也一再延长。2007年4月，摩洛哥推出“西撒哈拉自治计划”，希望以此重启西撒问题和谈进程。根据这一计划，西撒哈拉将在摩洛哥主权范围内实行高度自治，由摩中央政府控制西撒哈拉的外交与安全，西撒哈拉自治政府则在社会、经济、文化等方面享有充分权利。该计划遭到西撒人阵方面的坚决反对，西撒人阵认为摩方此举完全背离其先前同意西撒哈拉自决的立场。2007年4月30日，安理会通过第1754号决议，呼吁西撒问题有关各方以及区域内各国与联合国通力合作，破解西撒问题僵局，并在谋求政治解决方面取得进展。在国际社会共同努力下，西撒和谈进程在停顿近10年后再次启动。在联合国斡旋下，截至2011年1月，摩洛哥政府与西撒人阵当局在美国共举行了五次非正式会谈，然而这几次会谈的最终结果大同小异，双方始终拒绝将对方的提议作为未来谈判的唯一基础。直至2022年，联合国安理会再次宣布延长联合国西撒公投特派团的任期，西撒哈拉问题的政治解决依旧没有取得任何实质性进展。

尽管西撒哈拉问题的政治解决陷入了长时期的僵局，但对国际法学界而言，西撒哈拉问题在法理上对国际法上人民自决权的发展和影响是不容忽视的。西撒哈拉自决问题第一次为国际法学人们所瞩目，正是在1975年国际法院发布咨询意见时。1974年9月23日，摩洛哥曾向西班牙提议共同把关于西撒哈拉的争端提交给国际法院，但被西班牙拒绝。鉴于西撒哈拉实现非殖民化进程中产生的法律问题，同年12月13日，联大通过第3292（XXIX）号决议，请求国际法院就以下两个问题发表咨询意见：（1）西撒哈拉沦为西班牙殖民地时，是不是不属于任何人的领土（无主地）？（2）如果第一个问题的答案是否定的，这块领土与摩洛哥王国以及与毛里塔尼亚实体之间的法律联系（legal ties）是怎样的？

值得一提的是，相较于其他咨询类案例，本案在程序上存在一个特殊之处，即咨询程序中对专案法官的任命。由于西撒哈拉问题涉及西班牙、摩洛哥和毛里塔尼亚三国之间的领土争议，1975年3月，摩洛哥和毛里塔尼亚政府先后向法院书面申请根据《国际法院规约》第31条的规定选派专案法官。法院对此采取了比较审慎的态度，仔细考察了三国在本案中的法律关系。经过公开聆讯，1975年5月22日，法院发布指令，认定摩洛哥与西班牙之间存在领土争议，符合《国际法院规则》第102条第3款的规定，即“咨询意见的请求是就两个或两个以上国家间实际上悬而未决的法律问题做出的”，因此根据可适用的规约第 31 条，同意摩洛哥政府选派专案法官的请求。相反地，法院认定联大第 3292（XXIX）号决议通过之时，毛里塔尼亚与西班牙之间就西撒哈拉领土问题并不存在法律争端，不符合前述规定，故而驳回毛里塔尼亚选派专案法官的请求。①

1975 年 10 月 16 日，法院在考量了 14 个国家的书面或口头意见之后发表了咨询意见，对提交的两个问题分别做了以下解答。②

对于第一个问题，法院指出，它所收到的资料表明：（1）在沦为西班牙殖民地时（始于 1884 年西班牙宣布它对西撒哈拉拥有“保护权”的时期），西撒哈拉为有组织的部落民族居住，这些部落拥有有权代表他们的首领；（2）西班牙当时也不是按对无主地的方式确立它对西撒哈拉的主权的。事实上，西班牙国王在 1884 年 12 月 26 日的命令中明确宣布，根据他和当地部落首领达成的协议，他取得对西撒哈拉的保护权。鉴于上述事实和理由，法院以全体一致的表决结果对第一个问题做了否定回答，即西撒哈拉在沦为西班牙殖民地时并非无主地。

---

① See *Western Sahara (Order of 22 May 1975)* [1975] ICJ Rep 6, pp. 7-8, 10; AND, *The International Court of Justice: Handbook (2013)*, https://legal.un.org/avl/pdf/rs/other_resources/manuel_en.pdf, pp. 89-90. 值得一提的是，同意摩洛哥在本咨询案中选派专案法官而拒绝毛里塔尼亚的相同请求的最终意见，在法院内部引发了极大的分歧，该意见最终仅以 8 比 7 的表决结果勉强通过，不过只有普拉登 · 莫罗佐夫（Platon Morozov）法官公开发表了反对意见。

② See *Western Sahara (Advisory Opinion)* [1975] ICJ Rep 12, pp. 38-68.

关于第二个问题，法院首先研究了摩洛哥提出的观点和证据。摩洛哥认为，它与西撒哈拉有法律联系的理由是它自古以来就占有这个地方，从来没有停止过在当地行使权力。摩洛哥特别提出，法院应考虑到摩洛哥这个国家构成的特殊性，即该国是在伊斯兰教的共同宗教联系与各部落对苏丹宣誓效忠的基础上建立的，而不是在领土概念的基础上建立的。摩洛哥在西撒哈拉内部的行使权力表现为部落首领对苏丹的效忠，这表现为他们向苏丹纳税，并提供抵抗外来入侵的武装力量。摩洛哥还认为，它在整个西撒哈拉行使权力还有其他佐证，即该国自 18 世纪末到 20 世纪初与西、英、美等国签订的一系列国际条约，以及其他国家之间的一些外交文书。法院认为，这些证据证明了在历史上的特定时期，摩洛哥苏丹和该地的一些部落之间的确存在“效忠的法律关系”（legal ties of allegiance）。不过，法院认为，这些证据还不足以说明西撒哈拉和摩洛哥之间存在领土主权上的法律关系，且这一关系获得过国际承认，即使考虑到该国的特殊组织形式，也不能证明摩洛哥在西撒哈拉有任何有效的排他的国家活动。

至于西撒哈拉与“毛里塔尼亚实体”之间的历史联系，法院注意到，“毛里塔尼亚实体”这个术语，是在联大第 3292（XXIX）号决议中首次使用的，毛里塔尼亚政府认为，它指的是一个具有共同文化、地理、社会的实体，曾存在于西撒哈拉地区境内，后来的毛里塔尼亚伊斯兰共和国也是在其中建立的。根据毛里塔尼亚的说法，这个实体是一个独特的人类单位，其特点是有共同的语言、生活方式、宗教和法律制度。该实体范围内存在酋长国和尚未形成酋长国的部落组织两种政治权力体系，毛里塔尼亚明确承认这些酋长国和部落组织不构成国家。法院经研究认为，现有的资料表明，“毛里塔尼亚实体”中的酋长国和部落彼此间是完全独立的，没有共同的统治机构，该实体因而不具有独立于构成它的各酋长国或部落的法律人格。法院因此得出结论：在西班牙拓殖时期，西撒哈拉领土和“毛里塔尼亚实体”之间存在某种法律联系，但这种联系不包括任何主权或部落效忠关系，或仅是同属一个法律实体的联系。而且，这种联系并不承认，这两块领土之间存在边界这件事对维持该地区人民的生活本身是极为重要的。

综合上述分析，法院给出了第二个问题的最终答案：（1）在西班牙殖民统治时期，摩洛哥苏丹和西撒哈拉一些部落之间存在法律联系；（2）毛里塔尼亚实体和西撒哈拉之间存在构成法律联系的某些联系；（3）尽管如此，法院认为上述资料不足以说明在西撒哈拉与摩洛哥王国或毛里塔尼亚实体之间存在领土主权的法律关系。法院认为这种性质的法律联系不影响联大第1514号决议（即《给予殖民地国家和人民独立宣言》）在西撒哈拉非殖民化进程中的适用，也不影响在西撒哈拉通过自由和真正的表达人民意志实行人民自决原则。

笔者认为，“西撒哈拉咨询案”的直接意义在于其初步确认了西撒哈拉人民属于享有自决权的“争取解放的民族”的地位，这一地位可赋予其独立的国际法律人格，为其获得国际承认提供了法理依据，也为后续司法实践提供了重要参考。[①] 此外，纵观本案中国际法院的分析和结论，笔者认为该咨询意见至少反映了两个问题，在法院活动参与塑造当代国际法的历史上具有重要意义。

第一，国际法院首次澄清了“无主地”（*terra nullius*）的历史定义，明确了不论在何时，即便在殖民主义盛行的

---

① 例如，2021 年 9 月，欧盟普通法院裁定撤销欧洲理事会做出的批准欧盟与摩洛哥农业贸易与渔业合作协定的决定，理由是这两份协定未经西撒哈拉人民同意。法院援引了国际法院 1975 年的咨询意见，确认西撒哈拉人民根据国际法享有自决权，而本案原告（西撒人阵）通过其缔结或承诺承担受条约义务约束的一系列国际条约（包括与毛里塔尼亚、摩洛哥政府缔结的和平条约，1949 年“日内瓦四公约”，以及《1977 年日内瓦四公约关于保护国际性武装冲突受难者的附加议定书》等），巩固了其作为西撒哈拉人民的代表的地位，这一地位以联大决议等法律文书的方式得到了国际社会的承认，即使这种承认仅限于在该领土的自决进程中，但原告参与该进程即意味着它具有在该背景下采取行动所需的自主权和能力。归根结底，有效的司法保护要求申请人能够被视为有能力向法院提起诉讼的诉讼主体，以捍卫西撒哈拉人民的自决权。因此，法院得出结论，原告属于《欧盟运行条约》第 263 条第 4 款含义内的“法人”（legal person），并据此驳回了欧洲理事会提出的本案不可受理的抗辩。See Court of Justice of the European Union (CJEU), *Judgment of the General Court (Ninth Chamber, Extended Composition) of 29 September 2021 — Front populaire pour la libération de la Saguia el-Hamra et du Rio de oro (Front Polisario) v Council of the European Union* Case T-279/19, https://curia.europa.eu/juris/liste.jsf?num=T-279/19, paras. 91-114.

19世纪，凡在社会上和政治上有组织的部落或民族居住的土地都不能被认为是无主地，任何人不能以“先占”为由对这些土地主张拥有主权。1885年柏林会议之后，西方殖民列强掀起了瓜分非洲大陆的狂潮，其主要“法律依据”在于：并非所有有人定居的土地都不能被定义为“无主地”。那些文明程度并不先进且政治组织形式不符合西方“文明世界”标准的“野蛮人”或“不文明人”居住的土地本身就相当于可供先占的无人定居之所。这种实用主义的解释，赤裸裸地为殖民扩张活动进行合法性辩护，是欧洲中心主义色彩极为浓厚的近代国际法的重大缺陷。“西撒哈拉咨询案”的结论在某种程度上纠正了国际法的这一历史性的谬误。正如时任副院长阿蒙（Fouad Ammoun）法官在其个别意见中所回顾的那样：柏林会议完全无视了维多里亚（Francisco de Vitoria）和瓦泰尔等早期经典国际法学者对“无主地”的定义以及对殖民者恶意曲解这一术语的行为的批判，而西撒哈拉咨询意见事实上正是循着这些国际法先贤的足迹，对“无主地”和“先占”的概念完成了正本清源。[①] 这一对历史谬误的纠正，也在很大程度上赋予了人民自决原则历史合法性。

第二，国际法院在本案中似乎试图制定一种处理争议领土归属问题与自决原则之间冲突的原则，即任何对某争议领土提出主权诉求的国家，都必须证明其与该领土之间存在

---

① See *Western Sahara (Advisory Opinion)* [1975] ICJ Rep 12,, pp. 85-87.

“领土主权上的法律关系”。显而易见，法院对这种关系的认定标准是比较苛刻的。就本案而言，摩洛哥虽然“成功”证明了西撒哈拉诸部落在历史上与该国主权者存在某种法律上的效忠关系，但法院最终仍认定，这种效忠关系不可等同于领土主权关系。值得注意的是，法院在最终意见中对摩洛哥提出的该国相较于其他国家具有的“特殊结构”，即其是在共同宗教联系和部落对统治者的效忠关系（而非领土）的基础上建立起来的说法，表面上未予置评，事实上并不认可。在笔者看来，支持咨询意见结论的法官们显然认为，世界上所有主权国家都应建立在显而易见的物理性的领土边界之上，而非模棱两可的“效忠”关系或文化联系上。这是否证明国际法院对国际法所认可的国家构成和形态的多样性基本持否定立场？笔者认为，至少在西撒哈拉咨询案中法院的结论存在这样的倾向，尽管某些法官可能存在某些不同的看法，但这些观点也并没有笃定地反对这一倾向。①

然而，尽管国际法院的结论在实质上支持了西撒哈拉人民的自决权，巩固了《给予殖民地国家和人民独立宣言》等非殖民化法律文书在习惯国际法中的地位，在笔者看来，法院在本案中的处理并非没有问题。

---

① 譬如，阿蒙法官在其个别意见的结论部分提出：“在任何情况下，对苏丹的效忠等同于对国家的效忠。”但他很明显没有澄清，这种“效忠关系”和“主权联系”之间究竟存在怎样的关联。See *Western Sahara (Advisory Opinion)* [1975] ICJ Rep 12, p. 102.

首先，法院的结论在一定程度上改变了西撒哈拉问题政治解决的走向。在法院发布咨询意见之前，早在1963年，尚在西班牙管理之下的“西属撒哈拉”就已被24人委员会列入非自治领土清单中，彼时国际社会对西属撒哈拉未来地位问题虽有争议，但并未否认摩洛哥（或毛里塔尼亚）与西班牙两国政府之间通过排他性的双边谈判的方式和平解决该问题的正当性，[①] 事实上也就没有否认摩毛两国对西撒哈拉享有主权的可能性。然而，1975年的咨询意见，将西撒哈拉的非殖民化进程完全与西撒哈拉人民行使自决权等同起来，可以说从根本上否定了摩洛哥或毛里塔尼亚单方面对西撒哈拉“恢复行使主权”的合法性。考虑西撒人阵这股新的政治力量正是在国际法院发表咨询意见之前成立的，该咨询意见客观上为声称代表西撒哈拉人民的西撒人阵的武装斗争提供了合法性依据，从某种程度上加剧了该地区冲突的复杂性，而这种复杂性在1963年西撒哈拉问题开始全面进入国际社会视野之时却是不存在的。换言之，审理本案的法官们可能只想澄清两个法律事实，但却没有在法律效果和政治效果之间做到更好的平衡，令人

---

① See UNGA, *Report of the Special Committee on the Situation with regard to the Implementation of the Declaration on the Granting of Independence to Colonial Countries and Peoples*, A/5446/Rev.1 (25 October 1963), undocs.org/A/5446/Rev.1, pp. 286-287.

感到遗憾。[①]

其次，正如之前笔者的分析，法院在本咨询意见中对摩洛哥和毛里塔尼亚的历史与政治构成做出了自己的判断，事实上倾向于否认主权国家构成形态的多样性，对国际法上主权关系的认定设置了较高的门槛。这种做法是否僭越了司法中立、国家同意和不干涉内政原则？笔者认为，法院的结论不能完全消除国际社会成员在这方面的疑虑，而且后来的国际司法实践也证明，主权国家完全有可能将双边领土争端包装成和“自决”相关的咨询性法律问题，通过国际法院的介入和发表结论有利于该国的咨询意见，在国际舆论中占据道义的上风。从这个意义上来说，接下来要回顾和探讨的查戈斯群岛问题，就可算得上是西撒哈拉案的一个“精神续作”。

3．查戈斯群岛

查戈斯群岛位于印度洋中部，由大小60多个热带岛屿组成，在15世纪由葡萄牙著名航海家瓦斯科·达·伽马（Vasco

---

① 相比较而言，1986年国际法院在“边界争端案”（布基纳法索诉马里）的判决书中，则公开承认了自决原则与“保持占有”（*uti possidetis*）原则之间存在的冲突，并明确解释了为何在该案中要优先适用后一种原则：“……为了守护为独立而奋斗的人民所取得的成果，且为了避免出现将非洲大陆上付出大量牺牲后获得的果实再度剥夺的崩坏局面，维持非洲领土的现状往往被视为最为智慧的一种途径。”（...the maintenance of the territorial status quo in Africa is often seen as the wisest course, to preserve what has been achieved by peoples who have struggled for their independence, and to avoid a disruption which would deprive the continent of the gains achieved by much sacrifice.）See *Frontier Dispute (Burkina Faso v. Mali) — Judgment of 22 December 1986* [1986] ICJ Rep 554, para. 26. 笔者认为，这样的判词，很明显是为了在法律效果和政治效果之间取得更好的平衡，与西撒哈拉咨询意见的处理方式形成了鲜明的对比。

da Gama）发现。18 世纪初，查戈斯群岛作为毛里求斯的一部分被法国占领，19 世纪初又被英国占领。在 1814 年的维也纳和会上，英国正式从法国手中接管了该岛的统治权。1965 年 9 月，英国与当时的毛里求斯附属地当局签署了《兰卡斯特宫协议》，将查戈斯群岛从毛里求斯分割出去，成为英属印度洋领地的一部分，作为同意毛里求斯独立的附加条件。1968 年 3 月 12 日，毛里求斯正式宣布独立，在政治上摆脱了英国的殖民统治。另一方面，1965 年 11 月，英国根据当年发布的《英属印度洋领土令》，建立了一个名为“英属印度洋领地”的新殖民地，由从毛里求斯分割出去的查戈斯群岛和从塞舌尔分离的若干领土组成。从 1967 年到 1973 年，查戈斯群岛上的土著居民被陆续强制迁移到毛里求斯本岛、塞舌尔和其他地方，并阻止他们返回家园。1966 年 12 月，英美两国政府缔结协定，英国将查戈斯群岛南端最大的岛屿迪戈加西亚岛租借给美国修建军事基地，该基地在 1990 年海湾战争、2001 年阿富汗战争和 2003 年伊拉克战争期间在美军的空中作战行动中发挥了重大作用。英美在双方协定于 2016 年 12 月 30 日届满后，又根据协定条款将其效力延长了 20 年。2010 年 4 月，英国政府又单方面宣布在查戈斯群岛周围 200 海里以内的海域内建立约 55 平方公里的海洋保护区。

英国在查戈斯群岛的活动，一直备受国际社会的质疑和谴责。1967 年 6 月，24 人委员会通过决议，对英国不顾联大第 2066（XX）和第 2232（XXI）号决议，执意拆分毛里求斯和塞舌尔，侵犯两国领土完整的行径表示痛惜，敦促英国将分割的岛屿归还两国。20 世纪 80 年代开始，在非洲统一组织和不结盟运动的支持下，毛里求斯政府恢复了对查戈斯群岛的主权声索。1980 年 7 月，非统组织通过决议，要求英国将迪戈加西亚岛（查戈斯群岛上的岛屿之一）无条件归还毛里求斯。同年 10 月，毛里求斯总理也在第 35 届联大会议上公开表示，应拆分英属印度洋领地，归还查戈斯群岛，因为《兰卡斯特宫协议》具有不公平的一面，且英国在该协议中同意在未来将查戈斯群岛归还给毛里求斯，但其后英国强行迁离岛民、向第三国租借岛屿并单方面设置海洋保护区，上述种种行为与协议背道而驰，应予坚决反对。

2010 年 12 月，毛里求斯政府根据《联合国海洋法公约》附件七的规定单方面提请国际仲裁，主张英国在查戈斯群岛周边海域设置海洋保护区的行为侵犯了毛里求斯根据《联合国海洋法公约》享有的合法权利。本案中，毛里求斯诉状的核心在于要求仲裁庭认定英国并非有关海域的“沿岸国”。为达到这一目的，毛方请求仲裁庭适用和自决相关的规则，对 1965 年《兰卡斯特宫协议》的内容和效力做出评价，并宣布毛里求斯一直保有对查戈斯群岛的主权。[①] 英方认为，

---

① See PCA, *Chagos Marine Protected Area Arbitration (Mauritius v. United Kingdom)*, Final Award of 18 March 2015, para. 172.

毛里求斯事实上对查戈斯群岛提出了主权声索，因而对仲裁庭的管辖权提出异议。2015 年 3 月 18 日，仲裁庭发布裁决，其虽以 3 比 2 的投票结果认定其没有管辖权受理毛里求斯可能涉及群岛主权归属问题的诉请，但宣布英国单方面设立海洋保护区的行为违反了《联合国海洋法公约》，其有义务与毛里求斯进行协商。仲裁庭认定，根据《兰卡斯特宫协议》，当国防需要不再成立时，英国将把查戈斯群岛归还给毛里求斯，这一承诺具有法律效力。① 很显然，仲裁庭的裁决事实上肯定了毛里求斯对查戈斯群岛主权诉求的法律依据。

或许正是受到该裁决结果的鼓舞，毛里求斯继续在国际舞台上为查戈斯群岛问题积极奔走，争取国际社会的支持。2017 年 6 月 22 日，第 71 届联大通过决议，请求国际法院就英国继续管理查戈斯群岛的法律后果问题提供咨询意见。具体问题为：(1) 在查戈斯群岛从毛里求斯分割出去后，根据国际法，包括联大第 1514（XV）号决议、第 2066（XX）号决议、第 2232（XXI）号决议和第 2357（XXII）号决议，1968 年毛里求斯获得独立时，毛里求斯的非殖民化进程是否已依法完成？(2) 根据国际法（包括上述各项决议）所述的义务，英国对查戈斯群岛继续管理将产生何种后果，包括对毛里求斯无法执行一项在查戈斯群岛重新安置本国国民（尤

---

① See PCA, *Chagos Marine Protected Area Arbitration (Mauritius v. United Kingdom)*, Final Award of 18 March 2015, paras. 544 & 547.

其是原籍查戈斯群岛的国民）的计划所产生的后果？

经过听取各方意见和论证，法院确定其对本案拥有管辖权，决定对实体问题予以解答。2019 年 2 月 25 日，国际法院发表咨询意见，对上述两个问题分别做了详细的剖析和回答。

对于第一个问题，法院认为应该首先界定相关时期，其次应确定相关时期内国际法的内容。另外，由于联大提出了一些其所通过的决议，法院认为其有必要分析联大在非殖民化过程中的职能。在第一个问题中，联大将毛里求斯的非殖民化进程是否完成界定在查戈斯群岛被分离出毛里求斯领土的 1965—1968 年期间。因此，法院认为其所应考虑的可适用法律必须是在 1965—1968 年期间的。但是当考虑到习惯法规则时，由于习惯法具有演进的特性，法院认为其可以考虑在此之前通过的《联合国宪章》和 1960 年联大第 1514 号决议（《给予殖民地国家和人民独立宣言》）。同时，法院认为其可以考虑在上述时期之后的法律文件，若其确认或解释了既存的规则或原则。法院认为，包括《联合国宪章》第 73 条、联大第 1514 号决议、“人权两公约”共同第 1 条等在内的国际法律文书及相关条款，不论是否具有法律约束力，都具有规范性，能够在很大程度上宣示国家实践和法律确信。故法院倾向于认为，在 1965—1968 年间，非殖民化背景下的自决已成为一项习惯法规则。

法院确认，在 1946 年联大第 66（Ⅰ）号决议所声明的非自治领土清单中，“毛里求斯岛及毛里求斯附属地”（Island of Mauritius and the Dependencies of Mauritius）是一块完整的非自治领土，因此1965年时，查戈斯群岛是该非自治领土不可分割的一部分。[①]法院还回顾道，联大第2066号决议明确要求英国不要采取任何分割毛里求斯群岛及侵犯其领土完整的措施。虽然法院同意，实现自决的方式可能包括多种选项，但可以肯定的是，考虑到1965年毛里求斯尚未真正独立，《兰卡斯特宫协议》将查戈斯群岛分割出毛里求斯的条款，终究并非建立在毛里求斯人民的自由和真实的意愿基础之上。[②]

关于第二个问题，由于法院已经认定毛里求斯非殖民化的进程并不符合人民自决权的要求，因此英国对查戈斯群岛的持续管理就构成了一种国际不法行为，而且此种不法行为还具有持续性，因此英国有义务尽快结束对查戈斯群岛的管理，从而使毛里求斯能够完成其非殖民化进程。法院确认，确保毛里求斯完成非殖民化进程的必要条件应由联大确定，且所有联合国会员国都有义务与联大合作以使具体措施生效。至于包括原籍查戈斯群岛的毛里求斯国民的重新安置问题，法院认为这与人权保护有关，应由联大在毛里求斯非殖

---

① See *Legal Consequences of the Separation of the Chagos Archipelago from Mauritius in 1965 (Advisory Opinion)* [2019] ICJ Rep 95, para. 170.

② See *Legal Consequences of the Separation of the Chagos Archipelago from Mauritius in 1965 (Advisory Opinion)* [2019] ICJ Rep 95, para. 172.

民化完成过程中予以解决。①

最终，国际法院以 13 比 1 的压倒性多数确认：（1）查戈斯群岛从毛里求斯分离后，毛里求斯的非殖民化进程在 1968 年获得独立时并未依法完成；（2）英国有义务尽快结束其对查戈斯群岛的管理，且联合国所有会员国都必须与联合国合作以完成毛里求斯的非殖民化。②

需要指出的是，本案和“西撒哈拉咨询案”一样，事实上涉及两个主权国家之间的领土争议，就本案发表书面意见的不少国家都注意到这一点并提请法院对此持审慎态度。③ 国际社会的一些成员对此难免产生疑虑：毛里求斯是否故意将双边争端“包装”成非殖民化问题，寻求国际法院的介入，从而绕开国际社会成员间争端解决的国家同意原则？这种“包装”对国际司法程序的运用会产生何种影响？④

---

① See *Legal Consequences of the Separation of the Chagos Archipelago from Mauritius in 1965 (Advisory Opinion)* [2019] ICJ Rep 95, paras.177-181.

② See *Legal Consequences of the Separation of the Chagos Archipelago from Mauritius in 1965 (Advisory Opinion)* [2019] ICJ Rep 95, para. 183. 国际法院 15 名法官中，澳大利亚籍法官詹姆斯·克劳福德（James Crawford）由于之前参与过查戈斯群岛海洋保护区仲裁案而回避本案审理，未参与投票。

③ 例如，中国政府的书面意见认为，相当一部分国家对联大请求法院就查戈斯群岛问题发表咨询意见一事持保留立场，是因为这些国家认为相关事项“本质上涉及有关国家之间的领土主权争端”，这种关切值得法院给予“适当的关注”。See *Legal Consequences of the Separation of the Chagos Archipelago from Mauritius in 1965 (Request for Advisory Opinion) — Written Statement of the People's Republic of China*, 1 March 2018, https://www.icj-cij.org/public/files/case-related/169/169-20180301-WRI-03-00-EN.pdf, para. 14.

④ 王佳：《国际法院查戈斯群岛咨询意见案述评》，《大连海事大学学报（社会科学版）》2019 年第 4 期。

事实上，法院不是没有注意到外界的这一疑虑，但咨询意见认为：联大的两个实体问题事关非殖民化这一得到联合国特别关注的大议题；况且法院就算必须在处理这一大议题的时候，兼顾对毛里求斯和英国之间的法律分歧的宣判，这种宣判行为本身也并不意味着法院正在处理的是一桩双边争端。法院据此断定，它并未回避国际争端解决的国家同意原则，它也不能基于国际争端解决的国家同意原则拒绝发表咨询意见。① 然而令人侧目的是，虽然参审的 14 名法官绝大多数都对两个实体问题的回答表示赞同，但其中有 12 人附上了个人声明、个别意见或反对意见，这些意见大都涉及法院是否回避了国家同意原则一事，可见法官内部就该问题存在的分歧之显著。

不论存在怎样的争议，“查戈斯咨询意见”还是获得了国际社会绝大多数成员的支持。2019 年 5 月 22 日，第 73 届联大通过第 73/295 号决议，欢迎国际法院发表的咨询意见，明确要求英国在决议通过后 6 个月内无条件撤离查戈斯群岛，协助做好毛里求斯国民的返岛安置工作；称联合国所有会员国都有义务与联合国合作，帮助毛里求斯尽快完成其领土的非殖民化。②

---

① See *Legal Consequences of the Separation of the Chagos Archipelago from Mauritius in 1965 (Advisory Opinion)* [2019] ICJ Rep 95, paras. 88-90.

② See UNGA, *Resolution adopted by the General Assembly on 22 May 2019: Advisory opinion of the International Court of Justice on the legal consequences of the separation of the Chagos Archipelago from Mauritius in 1965*, A/RES/73/295 (24 May 2019), undocs.org/A/RES/73/295, paras. 3-5.

作为咨询意见的“胜诉”方，毛里求斯政府更是深受鼓舞，很快于同年 6 月根据《联合国海洋法公约》附件七的规定，就其与马尔代夫之间关于印度洋海洋划界的争端提请仲裁。同年 9 月，毛马两国缔结特别协议将该争端移交国际海洋法法庭特别分庭。2021 年 1 月 28 日，特别分庭发布本案第一阶段（关于马尔代夫提出的初步反对意见）判决，认定“查戈斯咨询意见”中对毛里求斯非殖民化问题的决定对查戈斯群岛的法律地位具有法律效力和明确的影响，英国继续主张查戈斯群岛主权违反了这些决定。特别分庭还认为，虽然毛里求斯非殖民化进程尚未完成，但可以从国际法院的决定中“推断”（infer）出毛里求斯对查戈斯群岛的主权。关于联大第 73/295 号决议，特别分庭指出，英国在决议规定的期限内没有遵守其要求撤离查戈斯群岛，这一事实进一步强化了特别分庭的结论，即英国对查戈斯群岛的主权主张违反了咨询意见做出的“权威性决定”（authoritative determinations）。分庭认为，为实现海洋划界的目的，毛里求斯能够被视为查戈斯群岛的沿海国，即使其非殖民化进程尚未完成，这一结论符合 2015 年“查戈斯仲裁案”仲裁庭的裁决，且尤其符合联大第 73/295 号决议执行“查戈斯咨询意见”的决定。[①] 显而易见，特别分庭的上述意见几乎坐

① See ITLOS, *Dispute Concerning Delimitation of the Maritime Boundary between Mauritius and Maldives in the Indian Ocean (Mauritius v. Maldives) — Preliminary Objections*, Case No. 28, Judgment of 28 January 2021, paras. 246-250.

实了“查戈斯咨询意见”的“拘束力”。

“查戈斯咨询意见”与“毛里求斯/马尔代夫海洋划界案”第一阶段判决，虽然在法理上巩固了非殖民化语境下自决权和自决原则的法律地位，但也在程序上引起了国际法学界和实务界一种现实的担忧。不少学者认为，这两个案件可能会使每一个国家都面临一种新型的司法风险：对立国家通过游说其他国家，在联合国大会获得多数票而使领土争端摇身一变成为咨询意见案件，通过国际法院发表“权威解释”迂回式地实现最终目的。从长远的角度看，这种做法或将影响国际司法体制的完整性和权威性。① 在笔者看来，这种观点并非杞人忧天，如何在国际司法或准司法活动中实现实体正义和程序正义、法律效果与政治效果之间的适度平衡，是国际法学界和实务界长期必须正视的一大挑战。

（二）有条件的合法分离：以苏格兰和南苏丹为例

约公元9世纪上半叶，肯尼思一世在大不列颠岛北部建立了第一个统一的苏格兰王国。1072年，征服者威廉率英军入侵苏格兰。13世纪末至14世纪中叶，苏格兰人通过两次独立战争，最终于1357年迫使英格兰王室承认苏格兰王国的独立地位，从此两国开始保持一种微妙的关系。1603年，由于刚刚逝世的英国女王伊丽莎白一世没有子嗣，她

① 王佳：《国际法院查戈斯群岛咨询意见案述评》，《大连海事大学学报（社会科学版）》2019年4期；朱利江：《“毛里求斯与马尔代夫海洋划界案”初步反对意见判决的问题、技巧与影响》，《国际法研究》2021年第5期，第28页。

生前指定的继承人、当时的苏格兰国王詹姆士六世继位为英王詹姆士一世，统治苏格兰的斯图亚特王朝就此统治了大不列颠全境，两国由此形成了所谓的“共主联邦”（Union of Crown）。1706 年，两国议会签订《联合条约》，并于当年和次年各自通过《联合法案》，两法案合称为《1707 年联合法案》（Acts of Union 1707）[①]，正式宣布两国合并为“大不列颠联合王国”。20 世纪下半叶，由于经济转型阵痛等原因，要求苏格兰独立的呼声开始出现。1997 年，苏格兰举行关于扩大地方自治的公投，最终多数人支持重新建立一个独立的议会。此次公投的结果促使英国议会于次年通过《1998 年苏格兰法案》，授权新的苏格兰议会可以在伦敦批准的范围内针对法律、财政、教育、医疗和福利等议题进行立法。2007 年倾向于独立的苏格兰民族党上台后，苏格兰的分离倾向日渐增长。2012 年 1 月，英国政府正式授予苏格兰议会举行独立公投的权力。经过多轮具体磋商，时任英国首相大卫·卡梅伦（David Cameron）于 10 月 15 日和时任苏格兰首席部长亚历克斯·萨蒙德（Alex Salmond）签署《爱丁堡协定》，宣告独立公投的法律框架构建完成。2013 年 6 月，《苏格兰独立公投法案》在苏格兰议会通过，并于 8 月由女王伊丽莎白二世签署。2014 年 9 月 18 日，公

---

① 法案在苏格兰议会备案的官方全名为《批准与认可苏格兰与英格兰两王国联合条约的法案》（Act Ratifying and Approving the Treaty of Union of the Two Kingdoms of Scotland and England）。法案全文可见：https://www.rps.ac.uk/trans/1706/10/257。

投正式开始并于次日开票。最终反对独立的票数占 55.3%，使得苏格兰维持了联合王国领土之一部分的地位。然而随着 2016 年英国大部分民众公投支持“脱欧”，主张留在欧盟内部的苏格兰政府与民众的分离主张再次抬头。2020 年 12 月 31 日（格林尼治时间），英国正式脱离欧盟，苏格兰政府首席部长、执政的民族党领袖尼古拉·斯特金（Nicola Sturgeon）随即在社交媒体上发言表示苏格兰将很快重返欧盟，并承诺若在新一届议会选举中获得多数席位将再次启动独立公投。2021 年 5 月，苏格兰新一届议会选举结束，民族党获得议会 129 个席位中的 64 席，离绝对多数（65 席）仅差一席，但同样倾向于支持独立的绿党也获得了 8 个席位，理论上已基本为新的独立公投议案在议会通过扫除了障碍。

南北苏丹在历史上长期存在宗教和种族方面的差异，北方以信仰伊斯兰教的阿拉伯人为主，南方则大多是信仰基督教或传统宗教的黑人。1899—1956 年，苏丹名义上由英国和埃及“共管”，英国殖民者对南北苏丹采取了分而治之的策略。1947 年的朱巴会议上，英国放弃了将南苏丹与乌干达合并的计划，改为统一南北苏丹。1956 年，苏丹共和国正式宣布独立，但在此前一年，第一次苏丹内战就已经因为南北双方种种矛盾的不可调和而爆发。1972 年双方停战并签署《亚的斯亚贝巴协定》，南苏丹自治区成立，但这一协定并未从根本上消除双方由来已久的紧张关系。后来，苏丹南部发现了大量石油资源，又引发了南北双方新的争端。

1983 年，苏丹中央政府单方面终止协定，取消南方的自治权并在全国推行伊斯兰教法，导致了第二次苏丹内战的爆发。直到 2005 年 1 月，南北双方终于在肯尼亚首都内罗毕签订《全面和平协议》，并商定南苏丹在此后 6 年内实行自治，之后有权举行独立公投。2011 年 1 月 9—15 日，南苏丹独立公投在联合国监督下正式举行，最终赞成独立的一方以 98.83% 的压倒性多数获胜。同年 7 月 9 日，南苏丹共和国宣布成立，并于 14 日正式加入联合国。

从表面上来看，苏格兰和南苏丹的独立公投都是在之前被国际社会承认的唯一的中央政府授权或许可下采取的行动，但另一方面，二者的具体起因、过程和结果都有所不同，二者的公投所牵涉的政治和法律问题也存在显著的差异。

就苏格兰的情形而言，其人民要求自决的呼声和行动经历了几个不同的阶段。历史上苏格兰在很长时间里都是一个独立的王国，长期享有与英格兰平起平坐的独立主权，两国最终合并也有着复杂的政治和经济原因，[①] 但这些事件都

① 这些原因，除了斯图亚特王室入主英格兰导致的两国“共主”事实之外，还有英国与西班牙、法国和荷兰等苏格兰的主要盟友或商业伙伴之间争夺殖民地战争的胜势对严重依赖欧陆贸易的苏格兰经济造成的封锁与打击，以及 1698 至 1700 年间苏格兰对巴拿马殖民侵略行动的失败所导致的全面政治经济危机。参见中新网，《台湾历史月刊：苏格兰与英格兰合并之谜》，http://www.chinanews.com/hb/news/2008/12-11/1483679.shtml，2008 年 12 月 11 日。And also see Steven Brocklehurst, “The banker who led Scotland to disaster,” http://www.bbc.com/news/uk-scotland-edinburgh-east-fife-11040353, Aug. 21, 2010.

发生在自决思想尚未出现或刚刚开始萌芽的中世纪、启蒙运动时期和资产阶级革命早期，其时人民主权思想远未深入人心。在这种背景下，不论是保持一个封建王国的独立地位还是与另一个刚刚完成君主立宪制转型的国家合并，都很难被视为是具有普遍代表性的政治参与的结果，自然也与“内部自决”的概念相差千里。而当时间进入20世纪后半叶，随着世界各国特别是西方国家的政治民主化进程不断深入，又恰逢非殖民化运动将自决理念深深嵌入国际法和人权法基石之中，苏格兰民众的“自决”呼声自然容易得到外界更多的法理、政治和道义上的同情。从基本的国际人权法理上来说，三个包含自决权的国际人权条约不但已经生效，而且已经出现与“内部自决”相关的实践，譬如“加丹加案”中非洲人权和民族权委员会所提出的“变异的自决”的概念，对其他地区人民和政治家的理念也产生了重要影响。[①] 对相关法理的接受直接体现为英国政府在整个过程中相对宽容甚至积极的态度。在2013—2014年发布的一系列关于苏格兰问题的分析报告中，当时执政的保守党-自民党联合政府甚至承认其对苏格兰举行独立公投的接受是建立在英国政府长期以来承认苏格兰独立权利的立场之上的。这就意味着在法理上，苏格兰当局没有“说服”伦敦接受其从王国分离

① See Gaetano Pentassuglia, “Scotland Decides — An International Law Perspective,” *ESIL Reflections* 3, Issue 9 (November 3, 2014), https://1library.net/document/ozl7n02y-scotland-decides-an-international-law-perspective.html, p. 3.

的正当性的义务。[①] 而且纵观整个程序，苏格兰从扩大自治到走向尝试独立的每一步都经过了民选的英国议会、政府和苏格兰地方行政、立法部门甚至英国王室的充分辩论、谈判和博弈，根据英国的普通法传统，这些政治实践已足以在没有成文宪法的英国产生宪政效力，可以被视为全体英国人民和苏格兰人民政治参与的充分体现。可以预见的是，不论苏格兰未来是否“脱英”，国际社会绝大多数成员将基本上坚定秉持不干涉的立场。

相比较而言，南苏丹人民争取自决和独立斗争的背景更加复杂。首先，南北苏丹的矛盾本质上是英国殖民者“分而治之”策略留下的后遗症。英国殖民统治时期，殖民当局有意识地在政治、社会和经济领域拉拢和扶持北部阿拉伯精英，压制南部黑人族群，直接导致在战后苏丹独立进程和国家政治生活当中北苏丹人士一直居于畸形的绝对主导地位。由此可见，两次苏丹内战是该国非殖民化不彻底所结出的恶果，苏丹的“自决”从一开始就伴随着北部阿拉伯人对南部

---

① 2013 年首次报告的相关原文为：“历届联合王国政府皆已声明，倘若属于多民族的联合王国的任何一部分领土上的大部分人民通过公正与民主的程序表达了明确的脱离意愿，则联合王国政府不应寻求阻止此类事件的发生。”这一立场可上溯至撒切尔夫人（Margaret Thatcher）执政时期。See Nathalie Duclos, “The Strange Case of the Scottish Independence Referendum: Some Elements of Comparison between the Scottish and Catalan Cases,” *Revue Française de Civilisation Britannique* [Online], XX-2 | 2015, Online since 23 July 2015, connection on 30 September 2016, https://journals.openedition.org/rfcb/384; DOI: 10.4000/rfcb.384, pp. 2-3.

黑人利益的漠视和压制。[①] 此外，两次苏丹内战与和平谈判进程又正好处于美苏争霸、苏东剧变等重大国际政治事件的漩涡之中，许多国家和国际组织都主动或被动地卷入其中，使得这一事件早已从简单的苏丹内政上升为区域性甚至国际性的冲突。2005 年南北停战后，南苏丹领导人曾在南苏丹过渡自治期间长期兼任苏丹第一副总统，这至少在宪法框架下保证了南苏丹从自治走向分离这一进程表面上的合法性和代表性。但这一结果本质上证明，在各种矛盾和冲突交织的情况下，南北苏丹人民完全以自己的力量促成南苏丹以自治为主要形式的“内部自决”的努力只能以失败告终。在国际社会的调停下接受南苏丹由“内部自决”一步步走向“外部自决”的事实尽管令人遗憾，但的确不失为维持国家和地区稳定和平与安全的一种成本较低的选项。苏丹分裂的教训，一方面说明了后非殖民化时期新独立国家保障全体人民在政治、社会和经济层面平等的发展权利与政治参与权利的重要性，另一方面也再次证明，无论是“外部自决”还是“内部自决”，最大限度地排除外来干涉都是最重要的前提条件。

---

① See Institute for Security Studies (ISS), “International Law and the Self-Determination of South Sudan,” No. 231 *ISS Paper* (February 2012), https://www.files.ethz.ch/isn/141398/Paper231.pdf, p. 5. 当然这一恶果在其他通过非殖民化运动获得独立的非洲国家中也普遍存在，西方殖民主义占优势地位时期的国际法所确立的 “保持占有” 原则与二战后确立的自决原则之间的矛盾冲突也是个中原因之一。

（三）后非殖民化时期民族分离运动的典型案例：科索沃

科索沃位于巴尔干半岛中部，东、北邻塞尔维亚中部地区，西北与黑山接壤，南临阿尔巴尼亚和北马其顿。6 世纪末至 7 世纪初，大批斯拉夫移民越过多瑙河到达巴尔干定居下来。1170 年，塞尔维亚人战胜拜占庭人后，科索沃就成为塞尔维亚王国的一部分，“科索沃”之名即源自塞尔维亚语，意思是“黑鸟的土地”。14 世纪末，奥斯曼土耳其帝国入侵巴尔干半岛。此后的数个世纪里，塞尔维亚人和阿尔巴尼亚人等生活在半岛南部的民族均成为奥斯曼帝国的附庸，逐渐伊斯兰化的阿尔巴尼亚人大量移居至科索沃境内，而信仰基督教的塞尔维亚人则逐渐北迁至控制巴尔干南部的奥地利帝国境内。1912 年，阿尔巴尼亚摆脱奥斯曼帝国统治宣布独立，科索沃成为阿尔巴尼亚的一部分。然而次年，随着第一次巴尔干战争结束，塞尔维亚再次将科索沃划归本国版图，其后塞尔维亚又于 1918 年加入由塞尔维亚、克罗地亚和斯洛文尼亚共同组成的南斯拉夫王国。第二次世界大战期间，科索沃并入由意大利所控制的阿尔巴尼亚，大量塞族人被阿族武装驱逐出科索沃。二战结束后，科索沃被新生的南斯拉夫社会主义联邦共和国设为塞尔维亚共和国的一个自治省。1980 年铁托逝世后，科索沃阿族和塞族之间的关系越发紧张，冲突不断。1989 年，塞尔维亚共和国举行公投，修改宪法，大大缩小了科索沃自治省的自治权利。阿族人强烈抗议，并抵制了接下来举行的科索沃省议会选举。1990年，阿族宣布建立独立的“科索沃共和国”，自行举行议会选举并开办公共机构。1996年，科索沃阿族激进人士成立“科索沃解放军”，以塞族军政人物及设施为目标开始进行游击战。1998年3月，南斯拉夫联盟共和国军队进入科索沃境内，开始协助塞尔维亚警察开展对“科索沃解放军”的大规模清剿行动。接下来的几个月里，有20余万科索沃人在南联盟军队与“科索沃解放军”的冲突中沦为难民。

1999年3月24日，北大西洋公约组织以“人道主义干涉”的名义开始对南联盟进行空袭，科索沃战争爆发，南联盟政府军被迫从科索沃撤出。同年6月10日，联合国安理会通过第1244号决议，北约军队将管辖权交予“联合国科索沃临时行政当局特派团”（UNMIK，以下简称“联科特派团”）。此后直至2008年，科索沃事实上处于联合国的托管之下，阿族难民开始逐渐返回家乡，而大多数塞族难民则拒绝回归科索沃。2008年2月17日，科索沃临时行政机构大会举行特别会议，通过了一项“独立宣言”，单方面宣布科索沃脱离塞尔维亚共和国，正式成为一个独立主权国家。塞尔维亚政府和科索沃境内的塞族社群对此始终表示坚决反对。国际社会对此反应不一。美国、英国、加拿大、日本等主要发达国家，欧盟绝大多数成员国，以及部分伊斯兰国家陆续宣布承认科索沃独立。中国、俄罗斯和印度等国家则一直拒绝承认。目前来看，各国在科索沃独立问题上的立场仍存在较大分歧。截至 2020 年 9 月，联合国 193 个成员国中有 97 个仍坚持承认科索沃独立地位的立场，[①] 有 15 个则撤回了对科索沃独立地位的承认。[②]

科索沃当局单方面宣布独立的行为，极大地震撼了国际社会。2008 年 10 月 8 日，第 63 届联大第 22 次全体会议通过第 63/3 号决议，请求国际法院解答以下问题："科索沃临时自治机构单方面宣布独立是否符合国际法？"随后的两年时间里，有多国就该问题向法院提交了书面意见或发表了口头陈述。在这些讨论当中，出现了三个比较有代表性的子问题：（1）科索沃"独立宣言"的作者是否属于科索沃临时自治机构？（2）科索沃人民是否享有所谓的救济性分离权？（3）领土完整原则是否只适用于国际关系？

第一个子问题的核心，在于判断"独立宣言"的作者

---

① 按承认科索沃独立的时间顺序排列，这 97 个国家分别为阿富汗、阿尔巴尼亚、哥斯达黎加、法国、塞内加尔、土耳其、英国、美国、澳大利亚、拉脱维亚、德国、爱沙尼亚、意大利、丹麦、卢森堡、秘鲁、比利时、波兰、瑞士、奥地利、爱尔兰、瑞典、荷兰、冰岛、斯洛文尼亚、芬兰、日本、加拿大、摩纳哥、匈牙利、克罗地亚、保加利亚、列支敦士登、韩国、挪威、马绍尔群岛、布基纳法索、立陶宛、圣马力诺、捷克、利比里亚、哥伦比亚、伯利兹、马耳他、萨摩亚、葡萄牙、黑山、北马其顿、阿拉伯联合酋长国、马来西亚、密克罗尼西亚联邦、巴拿马、马尔代夫、冈比亚、沙特阿拉伯、巴林、约旦、多米尼加共和国、新西兰、马拉维、毛里塔尼亚、斯威士兰、瓦努阿图、吉布提、索马里、洪都拉斯、基里巴斯、图瓦卢、卡塔尔、几内亚比绍、安道尔、几内亚、尼日尔、贝宁、圣卢西亚、加蓬、科特迪瓦、科威特、海地、文莱、乍得、东帝汶、斐济、圣基茨和尼维斯、巴基斯坦、坦桑尼亚、圭亚那、也门、埃及、泰国、利比亚、萨尔瓦多、安提瓜和巴布达、新加坡、孟加拉国、巴巴多斯、以色列。

② 按撤回对科索沃独立之承认的时间顺序排列，这 15 个国家分别为苏里南、布隆迪、巴布亚新几内亚、莱索托、科摩罗、多米尼克国、格林纳达、所罗门群岛、马达加斯加、帕劳、多哥、中非共和国、加纳、瑙鲁、塞拉利昂。

是否属于具有独立法律人格的国家或政府代表。一种意见认为，尽管联大向法院提出的问题暗示发表“独立宣言”的正是科索沃临时自治机构，但事实上该宣言是由科索沃人民通过民主选举产生的代表起草并发布的，这些代表没有组成科临时自治机构的一个部门，而他们所表达的是科索沃民众以民主方式明确的意愿。[①] 换言之，宣言作者的行为既然不能代表科临时自治机构，也就避开了国际法上的国家责任问题。

如果说第一个子问题偏程序性，第二、三个子问题则涉及更多的实质性问题，引发了更为激烈的争论。关于第二个子问题，一些国家政府倾向于认为科索沃独立建国的行为属于已被国际法所承认的“救济性分离”或“救济性自决”。如英国代表在其书面意见中，援引 1970 年《国际法原则宣言》的“保留条款”、1993 年《维也纳宣言和行动纲领》以及 1998 年“魁北克咨询意见”，认为国际法虽主张维护主权国家的领土完整，但也并不禁止分离运动，更没有为镇压受有关人民支持的分离或独立运动的国家的

---

① See *Accordance with International Law of the Unilateral Declaration of Independence by the Provisional Institutions of Self-Government of Kosovo (Request for advisory opinion) — Written comments addressed to the International Court of Justice by the Swiss Confederation*, https://www.icj-cij.org/public/files/case-related/141/15698.pdf, para. 3.

统一提供保障。[①] 相反地，中国代表在向国际法院做的口头陈述中一针见血地指出：如果现行国际法允许“救济性分离”的主张，就应当以正面和明确的方式加以规定，然而事实是实然国际法上并没有这种规定。中国代表认为，“救济性分离”的主张主要是基于对1970年《国际法原则宣言》的相关条款的反向解读演绎出来的，但它与《国际法原则宣言》的宗旨和目的相悖。更重要的是，历史上从未有任何权威的国际法律机构对上述条款做出过这种解释，也没有任何国家实践和法律确信证明“救济性分离”的权利已成为习惯国际法。[②] 另外，中国政府提交给法院的书面意见还援引了1983年英国外交大臣就埃塞俄比亚境内索马里人是否享有自决权一事回复英国议会上院的信函当中的措辞：“联合国成员已广泛接受以下观点：自决权并未赋予一个主权国家内部的每个特定群体或一部分领土以权利，令它们得以从该国分离出去，从而肢解独立主权国家的领土完整或政治统一。”[③] 这一表态说明，即便包括英国在内的西方发达国家也不支持

---

① See *Request for an Advisory Opinion of the International Court of Justice on the Question "Is the Unilateral Declaration of Independence by the Provisional Institutions of Self-Government of Kosovo in accordance with international law?" — Written Statement of the United Kingdom*, https://www.icj-cij.org/public/files/case-related/141/15638.pdf, paras. 5.30-5.33.

② 中华人民共和国外交部条约法律司编著《中国国际法实践案例选编》，世界知识出版社，2018，第51页。

③ See *Written Statement of the People's Republic of China to the International Court of Justice on the Issue of Kosovo*, https://www.icj-cij.org/public/files/case-related/141/15611.pdf, p 7.

打着“自决”旗号的民族分离运动，英国等国在科索沃问题上的立场很明显带有双重标准。

关于第三个子问题，一些国家认为领土完整并不是一项绝对的国际法原则。英国代表认为，对领土完整的保护是在“国际关系”范畴内的保护，它并不是对一个国家能够永久存在的保障，因此它不适用于一个国家内部的分离运动。一般而言，国际法并不禁止通过内部进程将部分领土分离出去的行为。国际法上对领土完整的保护，仅限于保护它不受第三国使用武力或干涉行为的侵害。他补充声明：国际法并不“支持”（favour）对一国领土的肢解行为或分离主义诉求；国际法一直力图避免其主体的解体或分裂，但这并不意味着国际法保证此类事件永远不会发生。[①] 瑞士代表也持相似观点，认为《联合国宪章》第 2 条第 4 款所规定的尊重领土完整的义务仅适用于其他国家，是一种“对外”而非“对内”的义务。他认为，即便退一步认为尊重领土完整的义务也适用于一国内部关系，这一原则也应是有限制的，其中一种可能的限制就是国际法同样保护的人民自决权。[②] 针对上述观点，塞尔维亚代表反驳道，领土完整同样适用于一国内

① See *Self-Determination of Peoples*3, paras. 5.9-5.11.

② See *Accordance with international law of the Unilateral Declaration of Independence by the Provisional Institutions of Self-Government of Kosovo (Request for advisory opinion) — Written statement addressed to the International Court of Justice by the Swiss Confederation*, https://www.icj-cij.org/public/files/case-related/141/15614.pdf, paras. 77-78.

部的冲突各方，这一规范在大量联合国决议当中都被提及或确认。他特别列举联合国安理会关于波黑、克罗地亚、格鲁吉亚、刚果（金）、苏丹达尔富尔地区等地局势的决议加以例证。[①] 俄罗斯代表也指出，领土完整是国家主权不可分割的一大要素，并援引了联合国国际法委员会前主席、法国著名国际法学者阿兰·佩莱（Alain Pellet）的论述："领土完整原则的一大关键要素就是为反对分裂国家领土的一切行为提供保障。"[②]

经过将近两年的审理，2010 年 7 月 22 日，国际法院正式就科索沃临时行政当局单方面发表独立宣言的合法性问题发表了咨询意见。法院首先指出，联大向法院询问宣布独立是否"符合国际法"，对这个问题的回答取决于适用于本案中的国际法是否禁止宣布独立的行为，如果法院断定有关国际法禁止这一行为，那么法院在必须回答这个问题的情况下，就必须指出这一行为不符合国际法，因此有理由相信，要求法院完成的任务是判断发表"独立宣言"的行为"是否违反国际法"。[③]

---

① See *Accordance with International Law of the Unilateral Declaration of Independence in Respect of Kosovo (Request for Advisory Opinion) — Written Statement of Serbia*, paras. 441-476.

② See *Accordance with International Law of the Unilateral Declaration of Independence by the Provisional Institutions of Self-Government of Kosovo (Request for advisory opinion) — Written statement by the Russian Confederation*, https://www.icj-cij.org/public/files/case-related/141/15628.pdf, paras. 55-56.

③ See *Accordance with international law of the Unilateral Declaration of Independence in respect of Kosovo (Advisory Opinion)* [2010] ICJ Rep 403, pp. 425-426.

接下来，关于宣布独立的行为是否违反国际法的问题，法院认为，和18、19及20世纪初期不同，现阶段国家实践并不将这一行为视为违反国际法。法院特别指出，尽管安理会曾通过一些决议谴责特定的宣布独立行为，但具体问题具体分析，这些行为都涉及非法使用武力或其他严重违反一般国际法准则（特别是强行法准则）的行为。相比较而言，法院认为，在科索沃问题上，安理会从未采取过这样的态度。因此，安理会曾谴责特定的宣布独立行为的实践属例外性质，无法得出国际法普遍禁止单方面宣布独立的推论。至于"救济性分离"的合法性问题，法院认为其不属于联大所提之问题的范畴。要回答联大提出的问题，法院只需判定宣布独立是否违反一般国际法或安理会第1244号决议所创设的特别法。基于前述理由，法院总体认为，2008年2月17日的"独立宣言"没有违反一般国际法。①

那么，科索沃"独立宣言"是否违反安理会第1244号决议所创设的特别法呢？法院首先考察了第1244号决议的宗旨和目的，以及宣言作者的身份。法院认为，第1244号决议旨在建立一种临时性的国际管理制度，暂时中止了塞尔维亚行使来源于它对科索沃领土继续具有主权的权力，除该决议明确表示保存的法律秩序外，上述法律制度取代了塞尔

---

① See *Accordance with international law of the Unilateral Declaration of Independence in respect of Kosovo (Advisory Opinion)* [2010] ICJ Rep 403, pp. 436-438.

维亚的法律秩序，其目的在于实现科索沃的稳定。[①]至于“独立宣言”作者的身份，法院表示需要注意以下几点：（1）宣言的作者并不试图在科索沃临时自治准则框架内采取行动，而是想要越过这个框架把科索沃建成独立的主权国家；（2）宣言的阿尔巴尼亚文原案文（唯一可信的案文）没有一处提及宣言是科索沃议会所作；（3）联合国秘书长特别代表在宣言发布时保持了沉默态度，这表明他不认为宣布独立是临时自治机构的一项旨在在他负责监督的法律秩序范围内发生效力的行为，而他原本有义务针对他认为越权的科索沃议会的行为采取行动；（4）虽然 2008 年 3 月 28 日秘书长提交安理会的关于联科特派团的报告中指出，“科索沃议会举行会议，在会上通过了‘独立宣言’，宣布科索沃为一个独立主权国家”，但这只是一份正常的定期事态通报，其本意并不是对宣言或宣言作者的身份进行法律分析。法院由此确定，宣言作者并非属于科索沃临时自治机构的一个单位，而是在临时管理框架之外以科索沃人民代表的身份共同行事的人。[②]

厘清了以上两个问题之后，法院接着认定：（1）安理会第 1244 号决议的目的是引导一个长期的政治进程，以

---

① See *Accordance with international law of the Unilateral Declaration of Independence in respect of Kosovo (Advisory Opinion)* [2010] ICJ Rep 403, pp. 442-444.

② See *Accordance with international law of the Unilateral Declaration of Independence in respect of Kosovo (Advisory Opinion)* [2010] ICJ Rep 403, pp. 445-448.

确立科索沃的最终地位，这项决议本身并未包含涉及科索沃最终地位或者实现科索沃最终地位的条件的任何规定；（2）该决议的确要求科索沃各派武装停火并遵守非军事化要求，但决议案文并未显示安理会打算除此之外还要对这些其他行为体强加特定的义务，包括禁止性义务；（3）基于这些原因，并结合决议的背景理解决议用语，法院不能认为该决议包含一项禁止宣布独立的规定且该规定对“独立宣言”的作者具有约束力；（4）由于宣言作者不属于临时自治机构单位，其自然不受联科特派团主持下确立的《科索沃临时自治宪法框架》的约束，因此宣言本身也不违反《宪法框架》。①

综合以上分析，法院得出一般性结论：2008 年 2 月 17 日的“独立宣言”的通过，没有违反一般国际法、安理会第 1244 号决议或《科索沃临时自治宪法框架》，因此，通过该宣言没有违反任何可适用的国际法规则。最终，咨询意见以 10 比 4 的表决结果通过。②

科索沃咨询意见的发布，在国际法学界引发了巨大的震动。英国剑桥大学劳特派特国际法研究中心前主任马克·韦勒（Marc Weller）教授认为，咨询意见已然表明，和

① See *Accordance with international law of the Unilateral Declaration of Independence in respect of Kosovo (Advisory Opinion)* [2010] ICJ Rep 403, pp. 448-452.

② See *Accordance with international law of the Unilateral Declaration of Independence in respect of Kosovo (Advisory Opinion)* [2010] ICJ Rep 403, pp. 452-453.

一些国家的观点相似，国际法院也认为坚持领土完整的原则针对的只是外国对一国领土完整的破坏行为，并不适用于调整一国内部的政治关系，包括部分人民寻求分离的行为。[①]此外，尽管咨询意见表面上没有正面回应“救济性分离”的合法性问题，包括部分国际法院法官在内的一些国际法学人却认为，咨询意见至少提供了一个给“救济性分离”正名的机会。坎萨多·特林达德（Cançado Trindade）法官在其个别意见中认为：不论自决在科索沃一案中有没有被赋予“救济”的性质，一个不可置疑的事实是，人民绝不能生活在暴行和系统性压迫之下。在当今涉及系统性压迫、征服和暴政的新情势中，自决原则理应适用。[②]阿卜杜勒卡维·优素福（Abdulqawi Ahmed Yusuf）法官更在其个别意见中公开提出，人民自决权支持例外情势下分割国家的主张，因为《国际法原则宣言》的“保留条款”早已暗示性地赋予一国部分种族和族裔团体以权利。在长期处于系统性歧视和压迫、被剥夺了“内部自决权”的极端状况下，他们有权主张行使“外部自决权”，将其居住的领土从该国分离出去，被割裂领土的国家则因咎由自取而不受领土完整原则的保护。[③]

---

① See Marc Weller, “Secession and Self-Determination in Western Europe: The Case of Catalonia,” https://www.ejiltalk.org/secession-and-self-determination-in-western-europe-the-case-of-catalonia/, published 18-10-2017.

② See *Accordance with international law of the Unilateral Declaration of Independence in respect of Kosovo (Advisory Opinion)* [2010] ICJ Rep 403, p. 593.

③ See *Accordance with international law of the Unilateral Declaration of Independence in respect of Kosovo (Advisory Opinion)* [2010] ICJ Rep 403, pp. 622-623.

上述观点理所当然地不可能得到包括其他国际法院法官在内的所有国际法学人的赞同。在众多异议中，阿卜杜勒·科罗马（Abdul G. Koroma）法官的反对意见具有较强的代表性和针对性。首先，科罗马法官就以下几点对多数意见的论证思路提出了强烈批评：（1）2008年2月17日的“独立宣言”作者的意图不可能是使宣言没有法律效力，事实上正是这一宣言正式开启了科索沃从塞尔维亚分离出去的进程；（2）法院尽管有权对联大的问题进行重构或解释，但它没有将该问题擅自替换成另一个问题然后加以解答的自由，况且联大早已表明了其认定宣言作者就是科索沃临时自治机构的立场；（3）国际法从未赋予种族、语言或宗教团体在未得到他们居住的国家同意的情况下将它们居住的领土从该国整个领土分裂出去的权利，即便他们只是想要表达这样一种意愿，咨询意见却对这一不存在的权利予以默认，开启了一个危险的先例，会鼓励分离主义团体恶意规避国际法的行为；（4）法院一方面明知宣言作者想要被视为新独立的“科索沃国家”由人民选举产生的“合法领导人”，但另一方面又认为宣言作者的主观意图并不在此，这种自相矛盾的“意图型导向”（intent-oriented）论证法必然导致荒谬的结果，即任何分离主义者或叛乱者团体可以通过“改头换名”的方式规避国际规范；（5）国际法是由国家的同意而非非国家实体的同意产生创制的，就算法院要考察有关方面的意图，也应当着重考察国家特别是安理会在第1244号决议中要表达的意图，而该决议主张维护塞尔维亚的领土完整。[①]

科罗马法官提出，鉴于法院实质上没有回答联大提出的问题，接下来他将从若干方面以自己的论证方式对原问题进行解答：（1）第1244号决议十分明确地表示，科索沃人民应享有充分的自治权，但这一自治权应“在南联盟内部”（within the Federal Republic of Yugoslavia）行使，说明该决议反对单方面变更塞尔维亚的领土范围；（2）第1244号决议明确科索沃地位问题的“最终解决方案”（settlement）应由相关方的谈判决定，一切单方面的行动都应被禁止，更何况法院裁定截至咨询意见发布之时该决议仍然有效；（3）单凭“独立宣言”作者不属于科临时自治机构即认定其行为不违反《宪法框架》是没有意义的，因为该行为是在第1244号决议仍有效的语境下发布的，第1244号决议理应作为特别法适用于本案；（4）“国际法并不授权或禁止单方面发布独立宣言”的说法充其量只是一种抽象笼统的说法，只适用于一般意义上的“独立宣言”，但本案是一个具体的法律事件，具体行为是否符合国际法是可以且应当适用具体的法律规则和原则加以评判的；（5）遵循前一种思路，法院理应得出本案中“独立宣言”不符合国际法的结论，因为在本案中，未经母国同意即单方面宣布分离，本身就是一个

① See *Accordance with international law of the Unilateral Declaration of Independence in respect of Kosovo (Advisory Opinion)* [2010] ICJ Rep 403, pp. 467-469.

国际法问题；（6）《国际法原则宣言》的相关措辞毫无疑问地说明领土完整原则居于自决原则之上；（7）法院所关注的不应当是单方面宣布独立的“权利”是否存在，而应当是这种行为是否“符合”国际法，答案就是国际法从未赋予过任何主体以分离权，本案中可适用的一般法与特别法皆对单方面宣布独立的行为的合法性和有效性持否定态度；（8）第1244号决议从通过到生效至今，南联盟或塞尔维亚作为一个独立主权国家一直对科索沃享有完整的主权，不论是决议的作者安理会，还是作为决议产物的科临时自治机构，都无权绕过塞尔维亚的同意全部或部分地破坏该国的领土完整和政治统一。①

科罗马法官的立场也得到了其他法官的附议。例如，穆罕默德·本努纳（Mohamed Bennouna）法官认为，通过宣言的科索沃临时行政机构大会成员们声称谈判已经破裂，且无意在临时自治机构框架内行事，无法改变他们的行为经由大会授权批准的法律本质，这属于国际法上的越权行为，违反了相关法律框架。②他还指出：联合国秘书长特别代表对“独立宣言”“沉默”的根源在于，2007年3月时任联合国科索沃问题特使马尔蒂·阿赫蒂萨里（Martti

① See *Accordance with international law of the Unilateral Declaration of Independence in respect of Kosovo (Advisory Opinion)* [2010] ICJ Rep 403, pp. 470-477.

② See *Accordance with international law of the Unilateral Declaration of Independence in respect of Kosovo (Advisory Opinion)* [2010] ICJ Rep 403, p. 509.

Ahtisaari）提交的关于科索沃最终地位问题的综合建议在安理会无法达成一致，造成的僵局严重影响了秘书长及其特别代表的决策。秘书长特别代表“沉默”的真正原因，不是他认为“独立宣言”符合国际法，而是因为他要对之负责的政治机构无法达成一致，从而继续推进决定科索沃最终地位的进程。本努纳法官认定，“独立宣言”违反了《宪法框架》，同时也就违反了安理会第1244号决议，而由于该决议将科索沃置于联合国管理之下，其效力对所有国家以及科索沃的所有非国家行为体都是一样的。他最后补充道，即使宣言作者不属于科临时行政机构的一部分，但根据联科特派团章程，科索沃境内所有立法、行政和司法机关均由秘书长特别代表通过联科特派团授权，换言之所有行为体和行为人都必须受到由联合国建立的临时自治体制的约束，因此作者的法律身份与本案的论证无关。[①]列奥尼德·斯柯特尼科夫(Leonid Skotnikov）法官更是在其反对意见的结论部分指出了多数意见最大的问题：法院一方面对第1244号决议仍对各方有效这一事实不予置疑，并认为该决议设计出了科索沃最终地位解决的政治进程，另一方面却无视了“独立宣言”已使得科索沃问题偏离这一进程的轨道的事实。[②]

---

① See *Accordance with international law of the Unilateral Declaration of Independence in respect of Kosovo (Advisory Opinion)* [2010] ICJ Rep 403, pp. 512-514.

② See *Accordance with international law of the Unilateral Declaration of Independence in respect of Kosovo (Advisory Opinion)* [2010] ICJ Rep 403, pp. 522.

总之，“科索沃案”非但没有解决“国际法是否禁止主权国家内部的单方面分离行为”及“救济性分离”等棘手的问题，而且造成了国际法学界和各国政府在自决权问题上更加严重的对立，更在一定程度上打开了后非殖民化时期分离主义运动新高潮的潘多拉魔盒。作者认为，“科索沃案”带给学界最大的启示，在于国际法学人们应当认真审视法理学上“法无禁止即可为”和“法无授权即禁止”两大理念在国际法层面的博弈。在后非殖民化时期涉及“内部自决”或“分离权”的案例中，倘若将一国内部主张分离的群体视为国内法意义上的私权利主体，那么大多数义务就都压在作为公权力主体的国家身上。此时前者单方面适用“法无禁止即可为”，不论是要求自治还是独立建国皆与国际法无涉，而来自国家机器的任何强制或镇压行为都会被“法无授权即禁止”所限制。反过来，倘若将国家和国内的非国家团体都视为公权力主体，那么理论上“法无授权即禁止”就应一视同仁地适用于所有各方，即国家要尊重和保护包括“内部自决权”在内的人权，而非国家团体也不得破坏国家的领土完整。从某种意义上来说，国际法学人关于科索沃及其他一切类似案例引发的学理争论，根源之一或许就在于包括自决权在内的集体人权持有者或主张者的法律性质和地位难以确定。

（四）被严格限制或禁止的分离运动：以魁北克和加泰罗尼亚为例

16 世纪起，法国殖民者开始在北美建立新法兰西殖民地，其中位于圣劳伦斯河地区的法属加拿大为新法兰西发展水平最高的地区。1763 年，在“七年战争”中战败的法国被迫将法属加拿大割让给英国，后者将其更名为魁北克省，后又更名为加拿大联合省。1867 年，加拿大联合省被废，西部成为安大略省，东部则成为今天的魁北克省。长期以来，即便是在英国殖民统治时期，魁北克省法语人群与文化的优势地位一直难以动摇。20 世纪 60 年代，魁北克发生了被称为“寂静革命”的一系列社会变革，在一定程度上刺激了魁北克民族主义的兴起，包括暴力组织“魁北克解放阵线”和主张和平独立建国的魁北克人党在内的各路分离势力纷纷兴起。1977 年，雷内 · 勒维克（René Lévesque）领导的魁北克人党赢得省议会选举并颁布了确定法语为魁北克省唯一官方语言的“101 法案”。此后，魁北克省分别于 1980 年和 1995 年单方面举行了两次“独立公投”，但两次的结果都是反对分离的一派获胜。2006 年，加拿大国会以 265 票对 16 票的压倒性多数通过了时任总理史蒂芬 · 哈珀（Stephen J. Harper）提出的“魁北克邦国化动议”（Québécois nation motion），认为“魁北克构成统一的加拿大当中的一个邦国”。[①]

① 关于这句话当中的 nation 究竟应当译为“邦国”“国家”还是“民族”的问题一直存在争议，甚至连当地的华文媒体也莫衷一是。参见：http://www.chinanews.com/gj/news/2006/11-27/827634.shtml。作者个人认为，结合当时的语境与事后各方的反应和表态，译为“邦国”是比较妥当的。

加泰罗尼亚历史上曾先后为希腊人、迦太基人、罗马人、哥特人、阿拉伯人和法兰克人所统治。10世纪晚期，名义上臣属于法兰克王国的巴塞罗那伯爵逐渐控制加泰罗尼亚的实权，该地区开始形成独特的文化。1137年，加泰罗尼亚与阿拉贡王国合并为阿拉贡联合王国。然而3个多世纪后，随着卡斯蒂亚与阿拉贡合并，以卡斯蒂亚为政治中心的统一的西班牙王国诞生，加泰罗尼亚的政治地位也在时局的变迁中几经沉浮。1933年，在当时的西班牙共和政府的认可下，加泰罗尼亚重建自治政府，但自治政府很快就于6年后被在内战中获胜的佛朗哥政权撤销。在佛朗哥统治期间，加泰罗尼亚民族主义遭到残酷打压。尽管1978年西班牙完成民主转型后，加泰罗尼亚依据新宪法重新获得了自治权，但当地的分离倾向始终没有停止蔓延。2006年6月，加泰罗尼亚举行了关于扩大自治的“公投”并获得大多数赞成票，但西班牙政府的反复态度激化了当地的分离情绪，最终导致了2014年11月9日和2017年10月1日的两次“独立公投”的举行，结果均为独派获胜。2017年10月27日，加泰罗尼亚议会单方面宣布独立，成立“加泰罗尼亚共和国”。这一举措随即被西班牙政府宣布为违宪，时任首相马里亚诺·拉霍伊（Mariano Rajoy Brey）宣布根据宪法第155条冻结加泰罗尼亚的自治权，由马德里中央政府直接接管该地区的治理，并对流亡比利时的加泰罗尼亚大区领导人发出国际逮捕令，从而在该地区引发了新一轮大规模示威抗议，伴随而来的还有一系列暴力活动。2019 年 10 月，9 名加泰罗尼亚独立派高官被西班牙最高法院判处 9—13 年不等的有期徒刑，然而加泰罗尼亚大区议会委员会仍于 11 月通过了支持“自决”的决议。加泰罗尼亚民族主义政客与西班牙中央政府之间的对峙仍在继续。

魁北克与加泰罗尼亚的案例看似是不相干的基于两个不同国家内政的个案，实则不然。魁北克问题尽管是加拿大的内政，但其示范效应却对后非殖民化时期国际法上的自决权概念产生了重大影响。1996 年 9 月，加拿大跨政府事务部长暨代表魁北克蒙特利尔市圣洛朗选区的国会下院议员斯特凡·迪翁（Stéphane Dion）将三个问题提交给加拿大最高法院以厘清关于魁北克分离问题的某些法律争议：（1）根据加拿大宪法，魁北克省立法和行政机关是否有权单方面宣布从加拿大分离？（2）国际法是否赋予了魁北克省立法和行政机关通过单方面从加拿大分离的方式实现自决的权利？（3）倘若国内民主原则与国际法在上述关于魁北克单方面分离权利的问题上产生了冲突，加拿大政府应做何优先考量？①

1998 年 8 月，加最高法院针对这三个问题公开发布了其咨询意见。但学界针对这一意见的解读却存在分歧。正如韦勒教授所观察到的那样，最大的争议点在于：一方面，法

① See *supreme Court of Canada, Reference re Secession of Quebec*, 2 S.C.R, p. 218.

院认为非殖民化语境之外的次国家实体寻求以独立建国为形式的“自决”在国际法上缺乏积极的依据，因此魁北克当局无权单方面宣布独立；但另一方面，法院又认定加拿大联邦政府或其他各省政府不得“对明显多数（a clear majority of）魁北克人不愿继续留在加拿大的清楚意愿保持冷漠”，或者说，不能对魁北克当局追求分离的权利做简单的否定，只要这一动议反映的是“明显多数”魁北克人民的选择，而且尊重了其他人的权利。[①] 对这种貌似“中立”的说法，不同立场的人自然容易选择性地得出有利于己方的结论。坚持国家主权和领土完整优先的人士会优先强调非殖民地人民不享有通过独立建国实现自决的国际法权利的事实，主张通过限制国家权力保护人权的人士则倾向于应当尊重不愿维持现状的部分人民基于“民主”原则的自决意愿（包括分离的意愿且不排除其分离的可能性）。这种文本解读上的矛盾，在国际法院处理“科索沃咨询意见案”的过程中被进一步加剧，一些国家在提交给法院的书面意见中公开援引“魁北克咨询意见”，表明了倾向于后一种观点的立场，其主要目的是为“救济性分离”的合法性辩护。[②]

“魁北克咨询意见”和“科索沃咨询意见”一起对国

① See *supreme Court of Canada, Reference re Secession of Quebec*, p. 221, 267, and 293-294; Weller, “Secession and Self-Determination in Western Europe: The Case of Catalonia”.

② See *Self-Determination of Peoples 3*, para. 5.32; *Self-Determination of Peoples 7*, paras. 64-66, 76.

际法上自决权的发展造成了重大影响，不少涉及分离合法性问题的案例分析都会援引这两份意见的相关条目及对这些条目的阐释，加泰罗尼亚事件也不例外。和韦勒教授关于国际法院“科索沃咨询意见”的解读类似，联合国关于促进民主与公正的国际秩序的独立专家阿尔弗雷德-莫里斯·德萨亚斯（Alfred-Maurice de Zayas）教授在评价加泰罗尼亚分离事件时也提出，领土完整原则不适用于调整国内关系，这一事实甚至可以上溯至对联大第2625、3314号决议这两个确立殖民地人民自决权的标志性文件相关内容的解释，因此西班牙政府援引领土完整原则采取强制行动打压加泰罗尼亚大区分离意见的行为是不恰当的。①

然而笔者认为，上述学者的观点即便有一定的道理，以此为依据反对当事国政府在宪法框架内对分离行为采取反制措施也值得商榷。暂且抛开分离行为可能引发的“外部自决”关切不谈，正如前文所分析的那样，“内部自决”不应被简单地视为特定的一部分人民的专属权利，包括寻求自治或分离的人民在内的一国之全体人民的有效政治参与才是“内部自决”的核心。前联合国秘书长索马里问题特别代表迈克尔·基廷（Michael Keating）教授曾提出，对自决的理解不应当局限于“分离权”，还应着重强调关于次国家团

---

① See OHCHR, “UN independent expert urges Spanish Government to reverse decision on Catalan autonomy (Geneva, 25 October 2017),” http://www.ohchr.org/EN/NewsEvents/Pages/DisplayNews.aspx?NewsID=22295, last retrieved 20-11-2017.

体（基廷的侧重点是少数民族）在国内和国际秩序中地位的谈判。[①] 众所周知，任何谈判——尤其是涉及敏感政治议题的谈判——都是很难预设结果的。倘若谈判双方诉求分歧大到难以调和，谈判就存在极高的破裂风险。难道只有当谈判结果明显有利于主张扩大自治或分离的一方时，谈判才体现了对人民自决权的尊重？这种观点显然过于片面，甚至有公然干涉内政的嫌疑。笔者认为，能够充分体现具有代表性的政治参与精神的应当是谈判的过程，而非结果。

最后应着重提出的是，从本质上来看，魁北克和加泰罗尼亚的案例绝不是简单的“外部自决权”在非殖民化语境下的延伸问题。不仅仅在魁北克和加泰罗尼亚，全球的分离运动都面临着一个共同的合法性悖论——少数者之中还有少数者，一个少数族群的自治或独立，无法消除人们对其打压比它更小的族群的可能性的担忧。[②] 在魁北克分离案中，魁北克地方当局的“法庭之友”（*amicus curiae*）提出，本案（特别是第二个问题）是关于魁北克人民是否有权行使《联合国宪章》等国际法基本书件赋予的自决权的“纯粹的”（pure）

① See Michael Keating, “Rethinking Sovereignty: Independence-Lite, Devolution-Max and National Accommodation,” *Revista d'Estudis Autonòmics i Federals* 16 (2012), p. 15.

② See Margaret Moore, “Internal Minorities and Indigenous Self-Determination,” in Avigail Eisenburg (ed.), *Minorities within Minorities* (Cambridge University Press, 2005), p. 272.

国际法问题。[①] 然而很显然，纵使本案的确更多涉及国际法而非国内法问题，笼统的“魁北克人民”一词也无法概括与本案息息相关的所有利益群体，特别是居住在魁北克境内的土著人民。一旦魁北克宣布独立，后者与加拿大之间的一切联系都将受到永久性的影响和损害。特别是在土著人民自决权已经得到国际社会普遍认可的今天，魁北克法语群体的“外部自决”诉求更直接威胁到当地土著人民“内部自决”权利的实现，加拿大最高法院和学界的有识之士对此都有着清醒的认识。[②] 同样，加泰罗尼亚民众当中，也有相当比例支持国家统一。一旦该地区真的从西班牙分离出去，他们理所当然地会担心自己作为少数者的处境。

由此可见，后非殖民化时期的“单方面分离”很有可能对人民充分行使自决权起到反作用。从理论上说，当“外部自决”与“内部自决”发生冲突时，解决“少数者中的少数者”悖论的唯一可行方式只能是全体人民的代表性政治参与。以魁北克和加泰罗尼亚为例，纵使中央政府理论上的确有义务与支持分离的“明显多数”人民进行充分的协商，但只要协商过程在宪法程序上做到足够的公开和透明，就足

---

① See *supreme Court of Canada*, *Reference re Secession of Quebec*, 2 S.C.R, pp. 234, 276.

② See *supreme Court of Canada*, *Reference re Secession of Quebec*, pp. 262, 269, 282 and 288; and Charles Whites, “Reference re Secession of Quebec: Secession by Quebec Is a Nearly Impossible Task,” *New York Law School Journal of International and Comparative Law* 19 (1999) 323, p. 335.

以体现其对人民“内部自决权”的尊重，部分人民及其代表没有理由强求此类协商必须得出对其有利的结果。国际法学人，特别是国际人权机构和人权学者，也不宜对当事国的中央政府提出过于苛刻的要求，特别是在此类诉求缺乏国际社会普遍同情和支持的情况下，[①] 更遑论此间时常掺杂大规模的暴力行为，严重威胁当事国的安全与稳定。

（五）土著人民的“内部自决”实践：以萨米人为例

萨米人（the Sámi / Saami）是生活在北欧的古老土著居民，聚居地被分割在挪威、瑞典、芬兰和俄罗斯境内，传统上以放牧驯鹿、捕鱼和农业为生，人口总数约5万—7万（其中挪威萨米人约为4万）。[②] 早在1973年，芬兰境内的萨米人团体便已建立了“萨米议会”（Sámi Parliament），作为萨米人民实行自治的主要政治组织。其后挪威与瑞典也分别在1989年和1993年成立了萨米议会。不过总的来说，三国萨米议会的组织机制和发展各有特色。在挪威，萨米议会

---

① 加泰罗尼亚单方面宣布独立事件发生后，中国、美国、英国和欧盟（及其主要成员国）均明确表态理解和支持西班牙政府维护主权和领土完整的立场，俄罗斯则表示加泰罗尼亚问题属于西班牙内政，希望矛盾双方协商解决问题。然而，一些国际法和人权学者的立场却倾向于同情加泰罗尼亚当局。See the Research Institute on Self-Determination of Peoples and National Independence (IRAI), *Report of the International Group of Expert — The Catalan Independence Referendum: An Assessment of the Process of Self-Determination*, https://irai.quebec/wp-content/uploads/2017/09/IRAI_Rapports-experts-Catalogne_EN_final.pdf; and Global Studies Institute of University of Geneva, “Catalonia’s Legitimate Right to Decide: Paths to Self-Determination — Executive Summary,” https://www.unige.ch/gsi/files/9115/0461/7417/EXECUTIVE_SUMMARY_Catalogne.pdf.

② See Solbakk, J. T., *The Sami People: A Handbook* (Davvi Girji, 2006).

是经全国范围内的萨米人选举产生的代表机构，议会内部就有关萨米人的各项事务进行讨论和协商，对外代表萨米人提出相关意见和主张，与政府或私人机构进行商议或谈判。瑞典的萨米议会则除了作为萨米人的代表机构以外同时还是国家政府部门的一部分，议会中负责日常行政事务的人员是正式的国家公务员，而且自 2007 年起，瑞典萨米议会还成为该国主管全国驯鹿畜牧业的中央主管机构。[①] 而芬兰 1995 年新修订的《萨米议会法案》则规定，该国的萨米议会属于司法部的分支机构，且每一财政周期末尾起半年内，该议会必须向司法部呈递其经费收入与余额详单，以及相关审计报告等。[②] 从各议会与国家机关的结构关系上看，瑞典和芬兰的萨米议会代表萨米人民行使自决权的独立性似乎大不如挪威的萨米议会。

另一个对挪威萨米人而言具有重要意义的事件莫过于 2005 年《芬马克法案》（The Finnmark Act）的通过。根据该法案，自 2006 年 7 月起挪威北部芬马克郡约 4 万平方公里的土地所有权即归属一个独立机构——芬马克不动产管理委员会（The Finnmark Estate），该委员会理事会由 3 名芬马克地方政府代表和 3 名萨米议会代表组成，共同处理该

---

① 参见周勇：《土著人民行使内部自决权的个案研究 —— 挪威萨米议会制度的建立与发展》，《民族法学评论》2009 年第 6 期。

② See *Act on the Sámi Parliament (974/1995; amendments up to 1026/2003 included, laki saamelaiskäräjistä) — unofficial translation*, http://www.finlex.fi/fi/laki/kaannokset/1995/en19950974.pdf.

地区有关土地资源的使用和开发事务。不动产管理委员会理事会的半数成员是萨米人，这被誉为《芬马克法案》的最大亮点，但仍有学者对此不以为然。玛尔格西娅·菲茨莫里斯（Malgosia Fitzmaurice）教授就直言《芬马克法案》实际上遵循的是“种族中立”原则，这导致它并未给予萨米人民任何特别的权利。她还提醒说，与《芬马克法案》一同生效的还有诸如《矿业法案》《森林法案》《野生动物法案》等一系列其他法案，如此“过剩”（plethora）的立法安排使得萨米人对相关事务的参与被分割成了不同层次，这就不可避免地导致在许多案例中萨米人民的自治权可能不在考量范围之内。因此，她认为《芬马克法案》并未达到《土著人民权利宣言》所确立的土著人民权利保护标准。[①]

或许也正是因为考虑到在一国范围内单打独斗的局限性，各国萨米人团体一直致力于团结起来，作为一个统一的“人民”为自决权而斗争。经过芬兰、挪威和瑞典3国政府人士、各国萨米议会及土著人问题专家长达十余年的讨论和磋商，[②] 2017年1月，3国代表正式签订了适用于居住在这

---

① See Malgosia Fitzmaurice, “The UN Declaration on the Rights of Indigenous Peoples: Recent Developments Regarding the Saami People of the North,” in *Reflections on the UN Declaration on the Rights of Indigenous Peoples,* ed. Allen and Xanthaki, p. 546.

② 在公约起草过程中，专家们曾考虑是否也与俄罗斯境内的萨米人展开合作，但考虑到与俄罗斯政府谈判的艰难程度以及俄罗斯在土著人问题上的相对保守立场，公约草案最终没有写入与俄罗斯萨米人相关的内容。See Timo Koivurova, “The Draft Saami Convention: Nations Working Together,” *International Community Law Review 10(3)*(2008), pp. 279-293.

3 国境内的萨米人族群的《北欧萨米公约》（Nordic Saami Convention）。[①] 公约明确规定，萨米人“作为人民群体”（as a people），根据国际法及该公约的规则与条款享有自决权，包括自主决定其经济、社会和文化发展的权利，以及为自身利益处置其自然资源的权利。此外，笔者认为该公约约文还有四处值得特别注意的规定：（1）第 15 条第 2 款规定各国萨米议会应获得一般性管辖权，即有权与各级政府或其他机构缔结涉及加强萨米文化与社群保护的协议；（2）第 16 条第 1 款规定公权力机构在做出任何涉及萨米人民的重要事项的决定之前，都必须先行尽早与萨米议会进行谈判，确保萨米议会能够对这些事项的程序和结果施加真正的影响力；（3）第 19 条规定各国萨米议会应代表全体萨米人民参与跨国议题，各缔约国也应帮助萨米人提升在国际机构中的代表地位，协助萨米人代表参加高级别国际会议。显而易见，草案第 15、16 条旨在在现有基础上大幅提升各国萨米议会的地位及独立性，从而进一步加强萨米人民的自治权，而第 19 条与《土著人民权利宣言》第 36 条相呼应，[②] 在一定程度上突破了“内部自决”的相对封闭性，显示出萨米人民作

① See *Nordic Saami Convention — Text of the Convention in English (Unofficial)*, https://www.sametinget.se/105173.

② 《土著人民权利宣言》第 36 条规定：“（一）土著人民，特别是被国际边界分隔开的土著人民，有权与边界另一边的同民族人和其他民族的人保持和发展接触、关系与合作，包括为精神、文化、政治、经济和社会目的开展活动。（二）各国应与土著人民协商和合作，采取有效措施，为行使这一权利并确保权利得到落实提供方便。” See *UNDRIP*, p. 10.

为一个整体跨国界行使自决权利的新趋势。目前，各国仍在努力推动《北欧萨米公约》得到本国议会的批准。

最后值得深思的是，第 19 条所规定的土著人民的“跨国政治联合体”，是否如某些学者所言，也享有缔结国际条约的权利？[①] 笔者对此表示怀疑，因为这容易将此类新型政治组织与传统意义上被视为国际法主体的“争取解放的民族”混淆，模糊“内部自决”与“外部自决”的边界，进而威胁国家主权的完整性。

四、中国的关切：民族区域自治与港澳问题

中国共产党成立初期的基本主张中，曾包含“民族自决”。随着国内革命形势的演变，中国共产党也一直在适时地调整民族政策，逐渐从“民族自决”转向“民族自治”。民族区域自治的理论和政策肇始于长征时期，发展于抗日战争时期，成熟于第三次国内革命战争时期（以内蒙古自治区人民政府的成立为标志），正式确立于新中国成立初期。可见，在中国革命波澜壮阔的历史进程中，中国共产党逐步对苏联的民族自决理论加以扬弃，将“自治”从“自决”体系中剥离了出来。

---

① See Malgosia Fitzmaurice, “The UN Declaration on the Rights of Indigenous Peoples: Recent Developments Regarding the Saami People of the North,” in *Reflections on the UN Declaration on the Rights of Indigenous Peoples,* ed. Allen and Xanthaki, p. 546.

从中国政府目前提交过的三次《经济社会文化权利国际公约》履约报告来看，在2003年的报告中，《民族区域自治法》仅在关于公约第15条（公民享受文化生活与科技便利的权利）的部分被提及两次，在2010年和2019的报告中均只在涉及公约第2条（国家采取措施保障经社文权利得以充分实现）的段落（关于贯彻非歧视原则工作的进展）被提及一次。[①] 由此可见，中国政府将民族区域自治制度方面的内容直接排除出第1条（人民自决权）相关内容的做法所传递的信息应是相当明确、毋庸置疑的。基于这些实践，笔者确信，任何将中国的民族区域自治制度也视为“内部自决”的一种形式的观点都是不正确的。正如第三章结尾所述，国际人权法上不存在将所有少数民族自治的实践均视为自决权行使形式的普遍性规则，中国政府将民族区域自治制度独立于自决权体系之外的做法是完全独立自主的合法主权行为。

关于香港和澳门问题，必须明确的是，由于联大24人委员会已于1972年将香港和澳门移出了“非自治领土”行

① See ECOSOC, *Implementation of the International Covenant on Economic, Social and Cultural Rights: Initial reports submitted by States parties under articles 16 and 17 of the Covenant (Addendum) — People's Republic of China*, E/1990/5/Add.59 (4 March 2004), undocs.org/E/1990/5/Add.59, paras. 233 & 249; and ECOSOC, *Implementation of the International Covenant on Economic, Social and Cultural Rights: Second periodic reports submitted by States parties under articles 16 and 17 of the Covenant — China*, E/C.12/CHN/2 (30 June 2010), undocs.org/E/C.12/CHN/2, p. 9; and ECOSOC, *Third periodic report submitted by China under articles 16 and 17 of the Covenant, due in 2019*, E/C.12/CHN/3 (19 September 2019), undocs.org/E/C.12/CHN/3, p. 5.

列，[①] 香港和澳门通过独立建国实现“自决”的道路已然被封死。[②] 另外，港澳地区也不适用所谓的内部自决。中央政府 2019 年向联合国转交香港实施《公民权利和政治权利国际公约》有关情况的报告中，有关公约第 1 条实施情况的小标题表述为“落实‘一国两制’”。[③] 没有使用“自决权”一词，说明中国政府认为，不存在专属于所谓的香港人民的自决权。这也符合中国政府的一贯立场，即港澳居民无权以“外部自决”为由进行分离活动，更不得将港澳居民的公民权利、政治权利与“内部自决”混为一谈。[④]

需要警惕的是，2019 年“查戈斯咨询意见”发布后，个别外国学者曲解咨询意见的含义，批评联大 24 人委员会 1972 年将香港和澳门从非自治领土清单中删除的做法不符合《给予殖民地国家和人民独立宣言》，建议联大仿效“查

---

① See United Nations, “List of former Trust and Non-Self-Governing Territories,” accessed Oct. 27, 2021, https://www.un.org/dppa/decolonization/en/history/former-trust-and-nsgts.

② 英国政府在签署《经济社会文化权利国际公约》时即声明公约第 1 条的适用不得优先于其所承担的《联合国宪章》（特别是第 1、2、73 条）所赋予的义务，葡萄牙议会也在澳门回归前通过决议，重申《经济社会文化权利国际公约》第 1 条的规定不影响澳门的地位。See United Nations, “3. International Covenant on Economic, Social and Cultural Rights, ” in *United Nations Treaty Collection*, https://treaties.un.org/doc/Publication/MTDSG/Volume%20I/Chapter%20IV/iv-3.en.pdf, pp. 8 & 23.

③ See CCPR, *Fourth periodic report submitted by Hong Kong, China under 40 of the Covenant, due in 2018*, CCPR/C/CHN-HKG/4 (19 September 2019), undocs.org/CCPR/C/CHN-HKG/4, p. 11.

④ 例如，2016 年 10 月，时任外交部驻港特派员宋哲在《华尔街日报》亚洲版撰文，强调香港根本不存在“民主自决”的问题。See Song Zhe, “Self-determination in Hong Kong is a non-issue, ” https://www.wsj.com/articles/self-determination-in-hong-kong-is-a-non-issue-1476807740.

戈斯咨询案”请求国际法院就港澳的非殖民化进程是否合法完成的问题进行解答。[①] 对于类似的荒谬观点，中国政府与中国国际法学人应坚决予以驳斥，以正视听。

五、本章小结

根据“人权两公约”第 1 条的精神，“内部自决”的内容包括一国之全体或被承认的部分人民自由决定其政治地位，实现经济、社会与文化的自由发展。为实现这些目标，“内部自决”最基本的形式就是人民充分的政治参与。一般来说，主权国家内部的地方自治是这种“政治参与”最突出和最典型的一个形式，但狭义的自治仅适用于自决权的持有者是土著人民（以及国家承认的少数民族群体等）的情形。当自决权的行使主体为一国之全体人民时，这种政治参与也体现在人民通过自己在国家行政、立法等机关的代表进行政治协商和决策的活动。在极端情况下，全体人民的“内部自决”可能优于部分人民的“内部自决”，或对后者形成有效的制衡。

在很多情况下，人们可能倾向于将公民投票即“公投”视为人民行使“内部自决权”的主要手段。然而，由于与自

---

① See Carole Joan Petersen, “Autonomy as a Form of Internal Self-Determination: Why the United Nations General Assembly Should Be Monitoring ‘One Country, Two Systems’ in Hong Kong,” *Asian Constitutional Law: Recent Developments and Trends*, Hanoi, 6-7 December 2019, pp. 11-12.

决相关的公投的行使者只是一国的部分人民，其理论上只有在得到代表全体人民的中央政府基于国内宪法框架的授权或许可的情况下才是合法有效的。这一授权或者许可应通过寻求自决（包括扩大自治或分离）的人民与中央政府的谈判和平获取，但目前的国际人权法理和实践并无明确的证据认为只有有利于前者的谈判结果方能体现“内部自决”的精神。笔者倾向于认为，在谈判结果难以预设的情况下，双方基于民主、公平和法治的谈判协商过程整体本身才能够构成人民行使“内部自决”的完整手段。

然而本章列举的科索沃、魁北克、加泰罗尼亚等典型案例也表明，“内部自决”并非绝对可控，它存在向打着“外部自决”旗号的分离主义运动转化的可能性或风险。“救济性分离”被一些学者认为是一国内部部分被政府长期系统性剥夺人权的人民寻求“内部自决”失败后有权采取的最后手段，因而时常成为分离主义者为其行为辩护的借口。然而，外界往往难以判断何种情形足以构成触发此项权利的充分必要条件。尽管进入21世纪后的实践当中的确存在分离成功（如南苏丹）或接近于成功的案例（如科索沃），但这些案例有些是在国际社会公开促成和监督下平等协商的结果，有些则在很大程度上是大国以粗暴干涉他国内政的行为进行地缘政治博弈的副产品。可以确定的是，目前尚无任何证据显示“救济性分离”是一项能够自动获得的法定权利。正如一些学者所言，从降低执行成本、维护区域和平与稳定的角度出发，即便真的发生了足以触发“救济性分离”的情形，国际社会也不应放弃寻找更加适合的替代性救济方案的努力。[①]

① See Jing Lu, *On State Secession from International Law Perspectives* (Springer Press, 2018), pp. 91-92.

第五章 自决权的发展对当前国际法体系的影响

自决在现代国际法上从来都不是一个孤立的议题。从自决原则获得习惯国际法地位的那一刻起，自决就与禁止使用武力和不干涉这两大国际法基本原则紧密地联系在一起。这种联系，在非殖民化运动的高潮期曾是声援殖民地人民抗争的重要法理依据，在今天却有被异化为干涉内政的工具之虞。此外，在后非殖民化时期，国际社会有意将自决纳入国际强行法体系，一些观点甚至将“涉嫌侵犯自决权的行为”视为对国际社会全体成员的冒犯，这引发了更多的争议。最为吊诡的是，随着似是而非的“内外自决两分法”受到越来越多的重视和鼓吹，自决在习惯国际法上的地位也变得扑朔迷离起来，甚至有可能陷入某种“自我分裂”的陷阱。

一、与自决权有关的若干其他国际法问题

（一）禁止使用武力原则与不干涉原则的适用问题

和自决一样，禁止在国际关系中使用威胁或武力侵害主权国家的领土完整或政治独立是战后得到国际社会公认的国际法基本原则之一，被明确写入了《联合国宪章》第2条第4款中。当然这项基本原则也存在例外，主要体现在《宪章》第42、51条的规定中，前者将必要的武力行动视为维持或恢复国际和平及安全的最后手段，后者则强调了国家在遭受外来武装攻击之时享有采取单独或集体自卫行动的权利。除此之外，非殖民化语境下寻求"外部自决"的人民有权通过使用武力行使自决权，这一点在若干国际法律文件的相关规定中都得到了确认，如1960年《给予殖民地国家和人民独立宣言》第4条、1970年《国际法原则宣言》关于自决原则与人民自决权的规定，以及1987年《加强在国际关系上不使用武力或进行武力威胁原则的效力宣言》第3条中的措辞等。

在分析上述文本赋予以非和平手段实现"外部自决"行为合法性的理论依据时，白桂梅教授认为，基于殖民地并不属于宗主国领土的事实，殖民地人民为实现自决而发动的武装斗争实质上与主权国家行使合法自卫权而使用武力的情形是完全一致的。[①] 现在的问题是，这一合法的"自卫"

---

① 白桂梅：《国际法上的自决》，第162页。

行为能否为寻求“内部自决”的人民所采用呢？首先从理论上来说，学界对这个问题的答案甚至缺乏明确的主张，更不用说形成某种共识了。[①] 其次从实践的角度考察，也没有任何国际法律文件对此做出过明确的规定，就连目前“内部自决权”在实然法上最具说服力的形式渊源《土著人民权利宣言》也不例外。[②] 根据笔者的观察，迄今只有本书第二章中提及的“米斯基托案”略微触碰到了这个问题的边缘。一方面，美洲人权委员会对米斯基托族印第安人群体武装反抗尼加拉瓜政府压迫的行为并未给出任何否定性意见，但另一方面，鉴于土著人民自决权在当时尚未得到国际社会的广泛认可，委员会驳回了申诉人要求“自决”和政治自治的主张，[③] 这使得主权国家内部分人民是否有权通过使用武力行使“内部自决权”的问题至今仍处于无先例可循的状态。

此外我们还需要注意的一点是，禁止使用武力原则时

---

① 单纯从理论上来说，支持人民有权以武力反抗政府对“内部自决”运动的镇压的依据有可能来自《国际法原则宣言》对“内部自决”的“默许”态度（即对本书第一章所提及的“或采取任何其他政治地位”的解读），这同样适用于下文即将论及的“内部自决”能否构成不干涉原则的例外情形的问题。此外值得注意的是，也有学者认为，“内部政治自决”含有通过革命反抗大规模系统性侵犯人权的独裁政权的权利“种子”（seeds）。

② 当然，正如笔者在第一章所提及的那样，结合冷战后国际形势的变化与国际法语境的变迁，将《国际法原则宣言》中“此等民族在采取行动反对并抵抗此种强制行动以求行使其自决权时，有权依照宪章宗旨及原则请求并接受援助”中“民族”（即“人民”）的含义做超越殖民地人民的扩大化解读也是存在的。这一解读虽在理论上并非完全不能自洽，但政治考量应大于单纯的法律价值判断。

③ See *Inter-American Commission on Human Rights, Report on the Situation of Human Rights of a Segment of the Nicaraguan Population of Miskito Origin.*

常与当代国际法与国际秩序的另一大基石——不干涉原则联系在一起，因此我们在探讨自决权所包含的禁止使用武力的例外时，不仅要讨论自决权持有者的权利，还应当对第三方的权利与义务加以必要的关注。《国际法原则宣言》关于自决原则的条款与《加强在国际关系上不使用武力或进行武力威胁原则的效力宣言》的相关条款都证明殖民地人民在以武力方式争取自决的斗争中有权获得来自第三方的支援，[①] 1981 年《不容干涉和干预别国内政宣言》第 2 条第Ⅲ款 b 项更明确宣布各国也有权利和义务对殖民地人民争取自决的政治斗争和武装斗争予以充分支持。[②]

另一个问题在于，第三方援助能否包括使用武力？在现有的国际法律文件和其他实践无法提供任何现成的答案或形成任何一般性规则的情况下，卡塞斯教授认为，第三国向人民解放运动组织提供的支持应仅限于经济、政治和后勤方面，最多不能超出运送武器弹药的范畴，因为国际社会认为对和平与安全的要求“具有压倒一切的重要性”（of overriding importance）。[③] 可以肯定的是，卡塞斯教授所指

---

① See *Declaration on Principles of International Law concerning Friendly Relations and Co-operation among States in accordance with the Charter of the United Nations*, A/RES/2625(XXV), Article 1; See UNGA, *Declaration on the Enhancement of the Effectiveness of the Principle of Refraining from the Threat or Use of Force in International Relations*, A/RES/42/22, Article 3.

② See *Declaration on the Inadmissibility of Intervention and Interference in the Internal Affairs of States*, A/RES/36/103, Article 2(Ⅲ)(b).

③ Cassese, *Self-Determination of Peoples*, pp. 199-200.

的这种情况是仅就非殖民化语境下的“外部自决”而言的，那么“内部自决”又如何呢？迈克尔·赖斯曼（W. Michael Reisman）教授在20世纪80年代中期曾提出过一个相当激进的观点：对《联合国宪章》第2条第4款的任何适用都应以“促进持续性自决的机遇”（enhance opportunities for ongoing self-determination）为宗旨，在此大前提下，某些干涉行为对于确保人民自由选择政府与政治结构的权利是有利的（如坦桑尼亚出兵乌干达推翻阿明独裁政权的行为），只有完全不以增加人民自决可能性为目的的干涉行为才是国际社会必须一致坚决反对的。① 这一理论在很大程度上和冷战后期开始流行的“人道主义干涉”学说有着千丝万缕的联系，以美国为首的部分西方国家自20世纪80年代起就开始以支持其他国家人民的“自决”为由为自己的军事干涉行动辩护。②

赖斯曼等人的观点和“人道主义干涉”实质上与某些

① See W. Michael Reisman, “Coercion and Self-Determination: Construing Article 2(4),” *American Journal of International Law 78* (1984), pp. 643-644.

② 例如，1983年在联大关于军事干预格林纳达问题的公开辩论中，美国常驻联合国代表简·柯克帕特里克（Jeane Kirkpatrick）声称，这一干预行动是合法的，因为其“服务于《宪章》的价值，包括对法治、自决、民主的恢复，以及对格林纳达人民人权的尊重”。See GAOR, 38th Session, 43rd Plenary Meeting, November 2, 1983, p. 701, annotated in International Commission on Intervention and State Sovereignty (ICISS), *The Responsibility to Protect: Research, Bibliography, Background — Supplementary Volume to the Report of the International Commission on Intervention and State Sovereignty* (Ottawa: International Development Research Centre), December 2001, p. 65. 又如，美国1989年入侵巴拿马推翻诺列加政权时，时任美国国务院法律顾问也宣称，尽管美国政府并不认为一国有权使用武力推翻其他国家的独裁者，但“促进人权与民主自决”的确是现有国际体系的正当目标之一。See Thomas Ehrlich and Marry Ellen O’Connell, *International Law and the Use of Force* (Little, Brown and Co., 1993), p. 99.

西方学者对禁止使用武力原则的“广义”解释存在逻辑上的一致性，例如美国另一位知名国际法学者奥斯卡·沙赫特（Oscar Schachter）教授也认为，《宪章》第2条第4款并不禁止没有造成“侵害任何会员国或国家之领土完整或政治独立”的后果的武力使用。[①] 这种解释显然非常值得商榷，诚如某些学者所担忧的那样，这种逻辑必然会引出一个令人不安的推论：任何国家的武装力量只要到另一国采取武力行动后即刻返回而非占领该国领土，那么这种行为就不算违反国际法——一旦如此，天下岂不大乱？[②] 恐怕正是基于这样严重的关切，西方学界针对类似的观点也并非铁板一块。例如，罗德尼·佩尔斯（Rodney Pails）博士尽管也倾向于为以促进“内部自决”为目的的使用武力行为正名，但他的措辞却比赖斯曼和沙赫特等人谨慎得多。他声称，理论上，只有当“内部自决权”具备了“对一切”（*erga omnes*）属性和强行法规范的强度，一切国家才得以对压制这种权利的他国政策进行法理上的声讨。[③] 很明显在时下的语境中，“内部自决权”想要获得“对一切”的属性谈何容易？第三方连单纯的法理声讨都缺乏基础，更遑论直接进行武力干预了。

---

① See Oscar Schachter, *International Law in Theory and Practice* (Nijhoff, 1991), pp. 112-113. 笔者认为，赖斯曼和沙赫特等学者对禁止使用武力和不干涉的解释在很大程度上可以追溯到瓦泰尔的不干涉理论，参见第一章相关内容。

② 白桂梅：《国际法上的自决》，159页。

③ See Rodney Pails, “Self-Determination, the Use of Force and International Law: An Analytical Framework,” *University of Tasmania Law Review 20* (2001), No. 1, p. 85.

最后，与“人道主义干涉”类似，支持以非和平干预手段援助寻求“内部自决”的人民的另一个重要的潜在理论依据来自近些年来被学界和国际社会反复探讨的“保护的责任”（Responsibility to Protect，R2P）。2001 年，加拿大政府主持成立的干预与国家主权问题国际委员会（ICISS）向时任联合国秘书长科菲·安南（Kofi Atta Annan）提交了题为《保护的责任》的报告，明确提出了以制止大规模人道主义灾难为宗旨的国家的保护责任这一概念。2005 年联合国首脑会议成果报告肯定了保护责任的基本原则，特别是国际社会有权在当事国当局显然无法保护其人民免遭大规模反人道罪行侵害且和平手段不足以解决问题的情况下，根据《联合国宪章》（特别是第七章）和个案原则，可通过安全理事会采取集体行动保护该国人民。但成果报告将保护责任的适用范围明确限定为种族屠杀、战争罪、种族清洗和危害人类罪 4 种罪行，并未将包括自决权在内的大部分基本人权的保护也纳入适用范畴，这与 4 年前干预与国家主权问题国际委员会在其提交的报告中的立场是基本一致的。后者明确提出，国际社会在极端情况下的干预行动的首要目的应是制止或避免人道主义灾难侵害，利用军事力量改变当事国边界或支持特殊武装团体的自决诉求不可被正当化。[①]

---

① See ICISS, *The Responsibility to Protect: Report of the International Commission on Intervention and State Sovereignty* (Ottawa: International Development Research Centre), December 2001, para. 4.33, p. 35.

但在现实中，学界在试图厘清保护责任与自决之间的关系时仍呈现出某种矛盾的状态。在一些西方学者眼中，“内部自决”与保护责任之间确实存在一些似是而非的逻辑关系。譬如，裴德安教授（Anne Peters）就指出，在可能触发保护责任的情形下，事关《联合国宪章》宗旨与原则的自决权和其他习惯国际法所保护的人权客观上肯定是处于危险之中的。[①] 这种思路可以追溯至 20 世纪末迈克尔·沃尔策（Michael Walzer）教授提出的逻辑推论：只有具备自决能力、能够以保护其成员为己任的社群（包括国家）才有资格享有不受外部干预的权利，当它无力或无意保护其成员免受大规模侵害的时候，它本身就不再处于事实上可自决的状态，自然也就失去了免受干预的资格。在这种情形下，任何以不干涉为由为该社群表面上的自主权（如主权）所做的辩护都失去了道义正当性。[②] 笔者认为，对这一观点应当做一分为二的分析。一方面应当承认，这种观点在道义层面具有一定的合理性；但另一方面，这种观点与支持“内部自决”之间并不存在必然的联系。基于本书之前对“内部自决”实质的辨析，我们最多只能对这种观点做如下的合理诠释：触发国际

---

① See Anne Peters, “The Security Council’s Responsibility to Protect,” *International Organizations Law Review* 8(2011), p. 17.

② See Michael Walzer, *Just and Unjust War: A Moral Argument with Historical Illustrations, 4th Edition* (New York: Basic Books, 2006), p. 89; and Anne Orford, “Moral Internationalism and the Responsibility to Protect,” *European Journal of International Law*, 24 No. 1 (2013), p. 90.

社会保护责任的前提是一国发生了大规模人道主义灾难且该国无力或无意通过和平方式自行解决，这一灾难的政治后果之一是具有代表性的人民集体政治参与即“内部自决”在短期内无法实现。在这种情况下，国家的“自决”必须让位于人民的自决，国际社会的集体和平或非和平干预行动将起到挽救该国人民继而恢复国内正常政治秩序的作用，从而使“内部自决”重新成为可能。在这一逻辑脉络中，保护“内部自决”不是保护责任行动中可能采取的使用武力行为的原始宗旨或直接目的，而只是其可能带来的积极成果之一。[①]因此，对于那些公开将保护“自决”作为国际社会履行保护责任进行集体武力干预的法理依据之一的观点，笔者认为应保持高度审慎的态度。特别是对于个别国家打着保护当事国人民“内部自决权”的旗号进行单边武装干涉的行为，更是应当予以高度警惕和坚决反对。

（二）国际法主体与国家责任问题

人民自决权自诞生以来，对国际法的某些领域产生了不同程度的影响，极大程度地推动了国际法的发展。但总的来说，与目前能在一般国际法领域发挥规范性功能的非殖民化语境下的“外部自决权”相比，“内部自决权”获得同等

① 这一点在2001年ICISS发布的“保护责任报告”中也能找到佐证。See ICISS, *The Responsibility to Protect: Report of the International Commission on Intervention and State Sovereignty* (Ottawa: International Development Research Centre), December 2001, para. 5.23, p. 43.

的属性和地位的条件则复杂得多。比如，非殖民化运动的成功使得代表殖民地人民、受外国或种族主义政权统治压迫人民的“民族解放运动”逐渐成为国际社会认可的国际法主体，但声称自己“为‘威权政府’统治下国家的人民而战”（卡塞斯语——作者注）的“内部自决”团体能否获得同样的待遇呢？卡塞斯教授对此表示反对。[①] 布朗利教授则认为倘若该团体已发展成“威权政府”难以控制的“反叛团体”的话，情况或许会有所不同。[②] 实践表明，只有在少数极端情况下（特别是触发国际社会集体保护责任的情势下），国际社会才有可能承认非殖民化语境下一国境内“反叛团体”作为该国人民合法代表的地位，譬如 2011 年利比亚内战期间获得联合国合法席位的由反卡扎菲政权人士组成的“利比亚全国过渡委员会”（National Transitional Council of Libya, NTC），但迄今为止在国际政治实践中也仅此一例。况且，倘若此类“反叛团体”的武装斗争得到外国直接军事介入的支持，他们真的有资格代表排除一切外来干预自由行使自决权的“人民”吗？[③] 相比之下，笔者认为，反而是某些不同

---

① See Cassese, *Self-Determination of Peoples*, p. 167.

② See Ian Brownlie, *Principles of Public International Law, 4th edition* (Clarendon Press, 1990), pp. 64-65.

③ 仍以 2011 年利比亚事件为例，尽管联大最终以 117 票赞成的压倒性多数通过第 66/1 号决议，认可了“利比亚全国过渡委员会”取代卡扎菲政权在联大的代表资格，但投反对票的古巴和尼加拉瓜等国代表在陈述意见时特别提出：该委员会是北约通过军事干涉扶植的代理人，这种虚伪的“自由”阻挠了利比亚人民充分行使他们的自决权。See United Nations, *General Assembly Sixty-sixth session: 2nd plenary meeting — Official Records*, A/66/PV.2 (16 September 2011), undocs.org/A/66/PV.2, pp. 8 & 10.

于"'威权政府'统治下国家的人民代表"的同样以"内部自决"为宗旨的人民组织和团体，在获得国际法主体地位方面可能拥有更大的正当性，特别是符合《土著人民权利宣言》第36、37条精神的土著人民部落或团体。

与"内部自决权"的法律性质与地位相关的另一个重要问题是国家责任。国际法委员会于1979年7月拟定的《关于国家责任的条文草案》所列举的构成"国际罪行"（international crimes）的行为就包括严重违反对维护人民的自决权意义重大的国际义务，如禁止以武力建立或维持殖民统治。[①] 显而易见，当时该委员会强调的就是非殖民化语境下的"外部自决权"。1996年6月，该草案通过一读。在关于一读草案正文第19条第3款（国际罪行）c项（"大规模严重违反对保护人类具有核心意义的国际义务，如禁止奴隶制、种族屠杀和种族隔离"）的评注中，委员会忆及20世纪60年代联大曾肯定南非人民反对种族隔离制度的斗争旨在捍卫其不可剥夺的自决权。[②] 2001年该委员会二读通过该草案的修订版《关于国家对国际不法行为的责任的条文草案》，其被载入联大第56/83号决议中。二读版本正文中删去了原版本第19条中所列举的"国际罪行"以及直接

① 白桂梅：《国际法上的自决》，第216页。

② See International Law Commission (ILC), *Draft Articles on Responsibility of States with Commentaries thereto: Adopted by the International Law Commission on First Reading (January 1997),* http://legal.un.org/ilc/texts/instruments/english/commentaries/9_6_1996.pdf, p. 105, 106, 118.

与自决相关的所有措辞，仅在评注中说明草案第26条和第三章中的“强行法规范”（peremptory norms）包含自决，但从其所举案例中可以看出其侧重点仍在“外部自决”。[①]可见，国际法委员会如今在认定侵犯自决权行为的标准问题上采取的是比较模糊的态度。对“内部自决权”的侵犯能否构成国家的国际不法行为，笔者认为现在下结论为时尚早。但通过这些措辞上的变化，我们也能观察到主流国际法学界对属于“国际不法行为”的侵犯自决权的行为认定标准存在的分歧，这或许值得我们持续关注。

（三）国际人权法

当自决仍然停留在国际法基本原则这个层面时，并没有多少学者认真思考过自决的内外两分法问题。可以说，“内部自决”理论的出现与发展，是自决“人权化”的必然结果。1966年“人权两公约”都将人民自决权放在第1条的位置，似乎更是宣告了自决权之于所有种类人权的统摄性地位。

当自决权与所谓的民主权利联系在一起的时候，对这种“统摄性”就产生了特别的解读。例如，卡塞斯教授认为，对“内部自决”的最佳解释就是《公民及政治权利国际公约》所规定的全部权利总体性（totality）的体现，特别

---

① 二读草案评注中回顾了1979年版及一读草案中关于自决的措辞，并在多处援引国际法院在“东帝汶案”中的意见，未提及“内部自决”。See ILC, *Draft Articles on Responsibility of States for Internationally Wrongful Acts, with Commentaries (2001)*, http://legal.un.org/ilc/texts/instruments/english/commentaries/9_6_2001.pdf, p. 85, 111, 112, 113, 114, 120, 127.

是第19条（言论自由）、第21条（和平集会）、第22条（结社自由）和第25条甲（直接或通过自由选举的代表参与公共事务）、乙（选举权）款。[①] 诺瓦克教授也认为，“内部政治自决权”是基于民主要素之上的，必须与公约所规定的其他权利与自由“共同行使”，因为“内部自决权”具有“永久性”特征，对自决权的承认是享有其他个人权利的先决条件。[②] 除了“民主权利”之外，后非殖民化时期的自决权也越来越多地被人为地与少数者权利联系起来，比如巴顿博士认为，少数者群体的“内部自决权”实质上就是自决权与少数者权利之间的“重叠”部分。[③] 但不可否认的是，《公民及政治权利国际公约》所规定的政治权利和少数者权利本质上都属于个人权利，对个人权利的保护本就有着较为完善和成熟的理论准备与实践机制。将自决权的实现等同于个人权利的总和不但没有必要，反而可能像某些学者所担忧的那样，破坏最初创设集体人权的宗旨。[④] 国际法学界之所以出现将“内部自决”与个人权利联系起来的现象，最重要的或许还是西方学者与政治家在后非殖民化时期鼓吹以“人民主权”代替传统的主权平等原则的立场使然。只有使个人权利

---

① See Cassese, *Self-Determination of Peoples*, p. 53.

② See Nowak, *UN Corenant on Civiland Political Rights*, para. 34, pp. 23-24.

③ See Barten, *Minorities, Minority Rights and Internal Self-Determination*, pp. 291-292.

④ See Jan Klabbers, “The Right to Be Taken Seriously: Self-Determination in International Law,” *Human Rights Quarterly* 28, No. 1 (2006), p. 205.

“团结”在自决权这面具有强行法特征的旗帜下，才能给借人权问题干涉他国内政，特别是“人道主义干涉”，披上合乎国际法理的外衣。这既是学理之争，亦是意识形态与国家利益之争。

其他人权当中容易与自决权产生交集的还有发展权。可以说，自决权与发展权的融合是必然的，且二者之间不易像个人权利对自决权的渗透那样因为人权属性上的差异而产生不必要的混淆。单纯从文本角度来说，尽管发展权和自决权同属第三代人权，但前者至今也未能像后者那样在国际法基本原则、条约法和习惯法层面都建立起得到国际社会公认的一套属于自己的成熟规范性体系。正如一些学者所指出的，就发展权而言，它必须以自决权为基础，成为自决权的延伸，而反过来只有自决权能为发展权的人权属性提供合理性依据。①“人权两公约”机制下的国家和机构实践也表明，发展问题已成为发达国家和发展中国家共同关注的话题。《经社文权利公约任择议定书》将有关自决权的个人来文案件列入管辖范围，更是顺应这一趋势的具体体现。但目前的问题在于，“人权两公约”执行实践中所涉自决权的经济、社会和文化发展方面，除了人民自由开发和处置自然资源的权利较为具体之外，往往过于宽泛而不易形成统一的体系，且个人权利与集体权利也容易混淆，这是发展权与自决权特

① 王文熹：《国际法视野下的发展权》，第22页。

别是“内部自决权”融合过程中不可避免的问题。另外，正如前文所讨论的那样，实现发展权与实现自决权之间的关系是“不平等”的，因为发展严格意义上说不是实现自决权的一种形式，而是实现自决权的终极宗旨和目标。笔者认为，这才是“人的发展权利意味着充分实现民族自决权”一句的正确解读，也是发展权理论上与自决权合流的真正动因。

国际人权法在整个国际法体系中的特殊性在于，人权主要是通过国内法实现和体现的，国家通过加入人权条约促进对本国国民和其他居民人权的保护和尊重，是对国内法和国内措施的辅助。国际法本身并非人权规则的创设者和执行者，国际法只是通过包括国家和国际组织在内的国际社会各成员的合作尊重来保护相关权利，或促使人权更好地实现。尽管“内部自决”在实践领域更多地取决于一国的宪制安排，但其得到国际社会承认的内容当然会成为国际人权法的一部分，这部分内容在国际人权法的特定实施机制中当然不可能成为纯粹的国家内政。因此，确定“内部自决权”的主体和适用范围的问题在很大程度上会触及人权的政治层面，国际社会必须慎之又慎。当然，国际人权法的这种特殊性主要适用于个人权利或部分人民的权利，而非一国全体人民的权利。“外部自决权”的实现，主要依靠的是国际社会对自决原则和其他强行法规则的统一信念，以及援引国家责任带给个别国家的舆论与法律压力。

二、自决权在习惯国际法与国际强行法中的地位

《维也纳条约法公约》第 53 条对国际强行法有明确的定义："一般国际法强制规律指国家之国际社会全体接受并公认为不许损抑且仅有以后具有同等性质之一般国际法规律始得更改之规律。"[①] 联合国国际法委员会第 71 届会议上通过的《一般国际法强制性规范条款草案》重申了这一定义，并在附件中明确规定"自决权"（the right of self-determination）[②] 即属于国际法强制性规范之一。对二战后所确立的国际法上的自决原则以及非殖民化语境下的"外部自决权"，国际社会内部尽管经过了一番艰难的争论与博弈，但在非殖民化运动取得基本胜利之时已经达成了最大程度上的共识，"人权两公约"共同第 1 条第 3 款就是这一共识的最好见证。

不过，"外部自决权"是否已确实在法理上获得了无可争辩的国际强行法地位，也仍然存在疑问，这一疑问主要表现为国际法院对此事的立场尚不明确。固然，从 1995 年"东

---

① "Vienna Convention on the Law of Treaties (1969)," http://legal.un.org/ilc/texts/instruments/english/conventions/1_1_1969.pdf.

② 需要指出的是，关于 right to self-determination 和 right of self-determination 这两种自决权的英文表述是否存在区别的问题，国际法委员会在其一读通过的《一般国际法强制性规范的结论草案》中表示，在将规范描述为具有强制性时，委员会使用了后一种表述，尽管它有时也会使用前一种表述。很显然，目前委员会无意将两种表述在内涵上做明确区分。See UNGA, *Report of the International Law Commission: Seventy-first session,* A/74/10 (29 April–7 June and 8 July–9 August 2019), undocs.org/A/74/10, p. 207.

帝汶案”判决开始，国际法院即反复确认人民自决权具有“对一切”的性质，[①] 但其从未在任何判决或咨询意见中明确宣示自决权属于强行法。朱利江教授认为，这表现出国际法院仍然在平衡自决的法律效果和政治效果的问题上逡巡徘徊。以“查戈斯咨询案”为例，倘若把尊重自决权定性为强行法，那么按照《维也纳条约法公约》和《国家对国际不法行为的责任条款草案》的相关规定，这一判断就可能对第三国产生一系列的法律后果，如所有国家都有义务联合起来要求英国停止国际不法行为，所有国家都有义务不承认英国对查戈斯群岛的管理，所有国家都不得向英国提供协助来维持管理，等等。如果只把尊重自决权认定为具有“对一切”的性质，鉴于目前没有硬法或软法类国际文书规定违反“对一切”义务将会产生何种法律后果，法院自然就有更大的自由裁量权根据个案原则来阐释这一棘手的问题。[②]

由此可见，在“外部自决权”的强行法地位问题上，负责国际法规则制定和适用的两大权威性机构——国际法

---

① See *East Timor (Portugal v. Australia) — Judgment of 30 June 1995* [1995] ICJ Rep 90, p. 102; *Legal Consequences of the Construction of a Wall in the Occupied Palestinian Territory (Advisory Opinion)* , p. 199; *Legal Consequences of the Separation of the Chagos Archipelago from Mauritius in 1965 (Advisory Opinion)* , para. 180.

② 朱利江：《在能动与克制之间——“查戈斯群岛案”中的国际司法政策探析》，《当代法学》2020 年第 2 期。

委员会和国际法院——存在相当明显的分歧。[①] 笔者认为，鉴于国际法院的判决具备国际法委员会阶段性成果文书所没有的法律拘束力，前者的咨询意见也在实践中具有极强的法律宣示性，非殖民化语境下的“外部自决权”想要真正获得“不许损抑”的法律特征，仍然任重道远。

具有高度国际共识的非殖民化语境下的“外部自决权”想要成为真正的强行法尚且如此不易，更遑论既缺乏充足的实践基础，又在理论上存在无可回避的逻辑矛盾的“内部自决权”。从实践的角度来说，尽管“人权两公约”委员会以及相当数量的缔约国都认同自决权存在“对内”层面，但对这一层面究竟包含哪些具体内容，各方至今仍各说各话，不能达成一致。例如，本书第二章曾提到，西班牙政府在其之前提交的定期履约报告中明确地将宪法规定各大区自治权作为保护自决权的具体措施之一，其他部分缔约国也有类似的规定，但这也只是个别国家单方面的实践而已，整个国际社会尚未做好准备就此问题形成共识。例如，倘若我们承认地方自治是国际法所认可的自决形式，那么 2017 年加泰罗尼亚公投分离危机爆发后，西政府以宪法第 155 条为依据迅

① 国际法委员会在 2001 年《国家对国际不法行为责任条款草案》（二读）第 41 条中规定了国家违反强行法的责任，但没有规定国家违反“对一切”义务的责任。朱利江教授观察到，国际法院与国际法委员会之间似乎已经形成了一种分野，即法院喜欢采用“‘对一切’义务”一词，而国际法委员会则喜欢采用“国际强行法”一词，而它们均未对两者之间的关系做出过明确的阐述。参见朱利江：《在能动与克制之间——“查戈斯群岛案”中的国际司法政策探析》，《当代法学》2020 年第 2 期。

速采取行动冻结加泰罗尼亚大区自治权的举措意义便非同小可。西班牙会否在其日后提交的"人权两公约"履约报告中对这一举措加以解释，我们无法预测，然而如果两公约委员会在现有的公约实施机制框架下对西政府的强力措施没有表现出明显的异议，那是否说明"内部自决权"是一项"可以损抑"的规则呢？此外，和殖民地人民的"外部自决权"不同，"内部自决权"在理论层面的悖论表现在它始终是国家主权和领土完整的不确定因素，这与"强行法"的要求是矛盾的。[①] 从对内层面来说，它有向分离运动转化的风险；从对外层面来说，它有可能成为他国干涉内政行为的借口，同样威胁国家主权。基于这些事实，笔者较为赞同某种"折衷"的理论，即只有自决权某些部分的内容才具备或可能具备强行法地位，[②] 如殖民地人民的自决权和土著人民的自决权，而目前也只有这两部分在理论上具备了"全体接受"和"不许损抑"的特征。

至于自决在不一定带有强行法性质的习惯国际法中的地位，学界一直多有分歧。卡塞斯认为，习惯法上已形成的

① See Alex Conte, Scott Davidson, and Richard Burchill, *Defining Civil and Political Rights: The Jurisprudence of the United Nations Human Rights Committee* (Ashgate, 2004), p. 41.

② See Robert McCorquodale, "Negotiating Sovereignty: The Practice of the United Kingdom in Regard to the Right of Self-Determination," *British Yearbook of International Law* 66, Issue 1 (1996), p. 326; and Matthew Saul, "The Normative Status of Self-Determination in International Law: A Formula for Uncertainty in the Scope and Content of the Right?" *Human Rights Law Review 11*, No. 4 (2011), p. 639.

自决权规则包括反对殖民统治和外国军事占领的权利，以及一国之内被拒绝平等参政的种族团体的自决权；[①]支持人民享有民主权利的习惯法规则也正在形成当中。[②]但学界针对这种观点不乏质疑之声，白桂梅教授认为目前习惯法上的自决权的主体仍仅限于殖民地人民和其他被压迫民族。[③]王英津教授则认为习惯法上的自决权的主体是全体人民，但又不同于“内部自决”。[④]

诚如某些学者所言，尽管自决权在条约法领域的意义与在习惯法领域的内涵一直存在分野，但在国际社会大多数成员都已成为“人权两公约”缔约国的背景下，各国政府和学界对于厘清这样的分野似乎越发不感兴趣，[⑤]而且过度区分条约法意义上的自决权与习惯法意义上的自决权可能带来不必要的麻烦。当然，不感兴趣不代表视而不见。和强行法的情况类似，我们可以选择在习惯法层面对自决权做适当的分解。单就“内部自决权”而言，“种族团体的内部自决”或许可以被归入已形成的习惯法行列，土著人的自决权未来也存在这样的趋势，但“政治参与”因为更多地牵涉到个人

---

① See Cassese, *Self-Determination of Peoples*, p. 129.

② See Cassese, *Self-Determination of Peoples*, p. 103.

③ 白桂梅：《国际法上的自决》，第 146 页。

④ 王英津：《自决权理论与公民投票》，第 87 页。

⑤ See Saul, Kinley, and Mowbray, *The International Covernant on Economic, Social and Cultural Rights*, pp. 17, 32.

权利，其习惯国际法地位就存在更多的不确定性，[①] 因为各国政治制度和体制存在差异，相关实践欠缺一致性，难以形成法律确信。

在这种模棱两可的情况下，安西娅·罗伯茨（Anthea E. Roberts）教授提出了一种看似折中的方案。罗伯茨教授认为，国际习惯可以分为促进性习惯（facilitative custom）和道义性习惯（moral custom），[②] 前者是根据既有实践总结出对未来实践的指示性要求，后者则是基于理想实践做出的规范性的评价。[③] 根据这种标准，她认为人权法属于以道义性习惯为主的习惯法规则。[④] 如果套用罗伯茨教授的“公式”，具体到人权法上的自决权问题，脱胎于传统非殖民化语境的反对殖民统治和外国军事占领的权利，以及土著人民所享有的自决权，或许都可以归于同时涉及道义性习惯和促进性习惯的规则一类。至于人民享有集体政治参与权利的规则，以及将自决与发展权利相融合的规则，鉴于实践中“人权两公约”缔约国大都选择主动报告相关情形，此二者至少在文本

---

① See Saul, Kinley, and Mowbray, *The International Covernant on Economic, Social and Cultural Rights*, p. 32.

② 也有学者将两者分别译为“便利性习惯法”和“道德性习惯法”。参见陈一峰：《论当代国际法上的不干涉原则》，第 90 页。

③ See Anthea Elizabeth Roberts, “Traditional and Modern Approaches to Customary International Law: A Reconciliation,” *American Journal of International Law* 95(2001), pp. 764-766.

④ See Anthea Elizabeth Roberts, “Traditional and Modern Approaches to Customary International Law: A Reconciliation,” *American Journal of International Law* 95(2001), p. 764.

层面上正在形成法律确信，因此基本可以归于以促进性习惯为主、同时附有道义考量的规则一类。但罗伯茨教授的这种分类，又有将习惯国际法复杂化的嫌疑，很有可能不必要地降低国际社会成员对作为国际法渊源的国际习惯的可预期性。

笔者认为，在解决自决权的习惯法地位这一问题上，还是存在一些可以把握的基本原则的。一方面，为《联合国宪章》和《国际法原则宣言》等国际法律文件反复重申的自决原则是业已得到公认的国际法基本准则，其习惯法性质可以说是自动获得的。这一结论在“查戈斯咨询案”等国际司法实践中也一再得到国际司法机构的确认，很难想象过去、现在和将来会存在任何国家实践能够对此做出否定性的评价。但另一方面，关于两大国际人权公约第1条所规定的“人权化”的自决权规则，借用陈一峰教授对国际法上的不干涉原则的评价，[①] 自决权的国家实践和法律确信的意义或许不完全在于定性，而在于定量。也就是说，在自决权问题上，具体确定国际社会内部所形成共识的程度、范围和方法，或许仍需要在个案原则的基础上，对具体问题做具体分析。至少在短期内，内涵尚存争议的“内部自决权”很难在习惯国际法当中无可置疑地占据一席之地。

---

① 陈一峰：《论当代国际法上的不干涉原则》，第95页。

三、本章小结

“内部自决”的升温无疑会对当代国际法体系形成不小的冲击，首当其冲的莫过于禁止使用武力原则与不干涉原则。我们完全可以预见，倘若对将非殖民化语境下的“外部自决”可能构成的这两项原则的例外情形原样嫁接到“内部自决”上来，个别国家以支持“自决”的名义恣意干涉他国内政恐将形成某种常态。从理论上说，唯一可能使外界出于对“内部自决权”的关切而介入主权国家内部事务的举动合法化的，只有足以触发国际社会集体保护责任的情形。然而，由于自决权并非国际社会创设和行使保护责任的初衷和首要目标，且在实践中很难判断究竟何种情形属于足以激活这一机制的人权灾难，保护的责任与“内部自决”的联结目前显然缺乏可操作性，只能留待未来国际法实践的进一步检验。

“内部自决”对自决原则和自决权本身在国际法上的性质和地位必然会造成某些影响。在一般国际法中，对“内部自决权”的支持可能给国际法主体资格和国家责任问题研究带来新的挑战，更可能促使学界对自决权在整个国际人权法体系中的地位及人权的政治化问题进行新的反思。更令人深思的是，学界和国际社会对“内部自决”定义的分歧有可能给自决的强行法和习惯法地位带来某些困扰。笔者较为赞同的一种思路是，在习惯国际法领域，或应进一步对作为国际法基本原则的人民自决原则和国际人权法上的人民自决权加以区分：前者的习惯法和强行法地位不可动摇；后者现阶段则不可能具有强行法性质，习惯法地位也仍需在实践中接受进一步的考验。

结　语

后非殖民化时期国际法上的自决权究竟何去何从？历经数十载各种理论和实践的辩论、交锋与博弈，国际社会、国际法学人与人权学者们似乎越发相信，将“外部自决”与“内部自决”正式区分开是这个问题的最优答案，但事实并非如此简单。通过前文对国际法上自决权的历史发展、法律渊源、国际人权法实践、权利主体、实现形式与手段的辨析，笔者认为可以达成以下基本结论。

首先，必须承认的是，自决权的对内层面是客观存在的且已在相当程度上具备了国际法（特别是国际人权法）属性。在笔者看来，无论“外部 / 内部自决”的措辞是否妥当，自决权具有“对外”和“对内”两个层面是不争的事实。人权事务委员会第 12 号一般性意见第 6 段明确说明，缔约国对其本国人民须承担具体的义务。不可否认，当今世界殖民与外来压迫的余孽仍未彻底肃清，但非殖民化语境下对殖民统治和外国军事压迫的反对更多时候体现的是一种对非本国人民的义务。倘若至今仍将国际法上的自决拘泥于对外层面，国家保障本国人民自决权的义务便也无从谈起。更重要的是，相当数量的国际人权保护实践表明，自决权对内层面的合法性已经在国际层面获得了相当程度的认可。且不论一些本土存在多族群的国家在国际场合公开承认本国地方和族群自治是行使自决权的一种形式，对土著人民自决权的承认已经初步在联合国层面形成共识，同为第三代人权的发展权与自决权的融合，这些实践都可能成为自决权对内层面的重要组成部分。

其次，必须警惕的是，自决权的对内层面不应被无原则地扩大化解读。少数者权利与自决权之间的渗透虽不容忽视，但基于少数者权利本质上属于个人权利的事实，这种渗透尚不足以对整个集体人权理念形成冲击。所谓主权国家内部少数族群和地方自治单位的分离权，则更不被也不应被国际实践的主流所认可。至于某些西方学者所鼓吹的“民主权利”是“内部自决”的核心这一观点，在理论上并不能充分自洽，和少数者权利的情况类似，其极易使集体权利与个人权利互相混淆。从国际政治和国际关系的角度来说，片面宣称“民主”是自决权核心的论调极易被个别国家操弄利用，成为其借人权议题干涉他国内政甚至对他国进行霸凌的有力而隐蔽的武器。值得注意的是，实践中确实出现了一些令人困惑的苗头，在国际人权法大规模扩张的大背景下未能引起国际社会和人权学界的足够重视，这一现状是值得我们特别关切和深思的。

最后，必须明确的是，与非殖民化语境相关联的自决权的对外层面仍是国际法上人民自决权的核心，在习惯国际法和强行法上拥有无可动摇的地位。历史上，对自决原则与自决权的发展影响最大的当属殖民地人民和其他被外国或种族主义政权压迫人民争取自决的实践，自决权的习惯法与强行法属性也是在非殖民化过程中获得并巩固的。迄今为止，在联大通过的绝大部分有关自决的决议仍旨在确认和保障殖民地人民与其他被压迫人民（如巴勒斯坦和西撒哈拉人民）的权利，以及强调非殖民化成果的不可逆性。而在自决权对内层面的所有可能的权利主体当中，只有土著人民的自决权在法律原则层面获得了国际社会几乎一致的认可，这在很大程度上也是因为土著人民与殖民地人民的诉求在历史、道义和法理层面都存在极大的相似性，特别容易引起广大第三世界国家人民的共鸣。鉴于联合国已经开始就“内部自决”国际法地位展开有限的内部讨论，[①] 我们不能断言未来自决权对内层面的某些内容一定不会在国际辩论讲台上获得与土著人民自决权一样的地位。但总体来说，基于维持稳定的国际关系的考量，除非某些国家或地区的人权和人道主体状况出现“断崖”式的恶化，特别是连续出现足以触发国

① See UNGA, *Interim Report of the Independent Expert on the Promotion of a Democratic and Equitable International Order*, A/69/272 (7 August 2014), undocs.org/A/69/272, paras. 11-14.

际社会集体保护责任的大规模人权侵害事件，主流国际法实践将自决的重心放在非殖民化层面的现状在短期内不会发生根本性的改变。

综上所述，笔者认为，坚决反对任何国家、组织和个人从事打着“自决”旗号破坏国家主权和领土完整的分离行为，应是中国政府和理论界顺应当下国际人权法的发展趋势做出的理性选择。中国政府一贯坚持作为国际法基本原则的人民自决原则仅限于受殖民统治或外国占领下的情形，这种底线思维应继续作为新时代国际法治的基石理念之一而存在。正如前联合国秘书长布特罗斯·布特罗斯–加利（Boutros Boutros-Ghali）在1992年所作的《和平纲领》报告中阐述的那样：“尊重国家的基本主权和完整是取得国际任何共同进步的关键……如果每一个种族、宗教或语言群体都宣布建立国家，那么分裂将会无休无止，全人类的和平、安全和经济福利将更加难以实现。”[①] 作为国际人权法组成部分的人民自决权，其内涵在后非殖民化时期可能有延伸的空间，但“分离权”绝不应包含在其中，否则这一重要的集体人权将很难在习惯国际法上占有稳定的一席之地。国际社会对此早有不容否认的基本共识：“就人民的自决权而言，必须在更

---

① See United Nations, *An Agenda for Peace: Preventive diplomacy, peacemaking and peace-keeping — Report of the Secretary-General pursuant to the statement adopted by the Summit Meeting of the Security Council on 31 January 1992,* A/47/277 (17 June 1992), undocs.org/A47/277, para. 17.

广泛的国际法目标下使它具有内容。这些目标包括确保国际和平与安全、促进经济及社会发展。在这种情况下，对自决权所持的极端的观点——主张任何一个国家的任何群体均有权脱离那个国家——是不可接受的。它将严重动摇国际法律秩序，也不会为建立这一秩序的各国所容忍，并且无论如何甚至不会在尊重有关人民的人权和人民权利方面取得相应的好处。”①

“路漫漫其修远兮，吾将上下而求索。”身处百年未有之大变局中，后非殖民化时期与后冷战时代的自决权也仅仅是众多面临发展、变革和挑战的国际法规则当中的一个。对这些挑战的应对，事实上全都包含在当代中国国际法学界所面临的一个更宏大的课题当中：如何在正确把握国际法的规范性与积极维护国家的核心利益之间找到最和谐的平衡点，在构建人类命运共同体的过程当中发挥建设性的作用。

---

① ECOSOC, *UNESCO Activities Concerning Prevention of Discrimination and Protection of Minorities: Report / Submitted by UNESCO*, E/CN.4/Sub.2/1992/6 (24 July 1992), undocs.org/E/CN.4/Sub.2/1992/6, para. 3(c).

参考文献

一、官方文献类

（一）条约（Treaties）

1.《非洲人权和民族权宪章》（African Charter on Human and People's Rights）：1981年6月27日缔结，1986年10月21日生效，https://au.int/en/treaties/african-charter-human-and-peoples-rights，截至2023年3月24日共有54个缔约方。

2.《公民及政治权利国际公约》（International Covenant on Civil and Political Rights）：1966年12月16日缔结，1976年3月23日生效，中国于1998年10月5日签署，http://www.ohchr.org/EN/ProfessionalInterest/Pages/CCPR.aspx，截至2023年3月24日共有173个缔约方。

3.《经济社会文化权利国际公约》（International Covenant on Economic, Social and Cultural Rights）：1966年12月16日缔结，1976年1月3日生效，中国于1997年10月27日签署，2001年3月27日批准，http://www.ohchr.org/EN/ProfessionalInterest/Pages/

CESCR.aspx，截至 2023 年 3 月 24 日共有 171 个缔约方。

4.《联合国宪章》（Charter of the United Nations）：1945 年 6 月 26 日缔结，同年 10 月 24 日生效，http://www.un.org/en/charter-united-nations/，截至 2023 年 3 月 24 日共有 193 个缔约方。

5.《欧洲地方自治宪章》（European Charter of Local Self-Government）：1985 年 10 月 15 日缔结，1988 年 9 月 1 日生效，https://www.coe.int/en/web/conventions/full-list/-/conventions/treaty/122，截至 2023 年 3 月 24 日共有 46 个缔约方。

6.《土著和部落人民公约》（国际劳工组织第 169 号公约）（Indigenous and Tribal Peoples Convention, or ILO Convention No. 169）：1989 年 6 月 27 日缔结，1991 年 9 月 5 日生效，https://www.ilo.org/dyn/normlex/en/f?p=NORMLEXPUB:12100:0::NO::P12100_ILO_CODE:C169，截至 2023 年 3 月 24 日共有 24 个缔约方。

7.《维也纳条约法公约》（Vienna Convention on the Law of Treaties）：1969 年 5 月 23 日缔结，1980 年 1 月 27 日生效，中国于 1997 年 9 月 3 日加入，https://treaties.un.org/Pages/ViewDetailsIII.aspx?src=TREATY&mtdsg_no=XXIII-1&chapter=23&Temp=mtdsg3&clang=_en，截至 2023 年 3 月 24 日共有 116 个缔约方。

（二）其他国际文件（Other International Documents）

1. ECOSOC, “Concluding Observations on the Fourth Periodic Report of Morocco,” (22 October 2015) UN Doc E/C.12/MAR/CO/4.

2. ECOSOC, “Concluding Observations on the Fourth Periodic

Report of Iraq," (27 October 2015) UN Doc E/C.12/IRQ/CO/4.

3. ECOSOC, "Consideration of Reports Submitted by States Parties under Articles 16 and 17 of the International Covenant on Economic, Social and Cultural Rights: Fourth periodic reports of States parties due in 2011 — France," (20 March 2014) UN Doc E/C.12/FRA/4.

4. ECOSOC, "Consideration of Reports Submitted by States Parties under Articles 16 and 17 of the International Covenant on Economic, Social and Cultural Rights: Fifth periodic reports of States parties due in 2009 — Italy," (10 October 2013) UN Doc E/C.12/ITA/5.

5. ECOSOC, "Implementation of the International Covenant on Economic, Social and Cultural Rights: Fourth periodic reports submitted by States parties under articles 16 and 17 of the Covenant — Austria," (29 October 2012) UN Doc E/C.12/AUT/4.

6. ECOSOC, "Implementation of the International Covenant on Economic, Social and Cultural Rights: Consideration of the sixth periodic report of States parties due in 2010 under articles 16 and 17 of the Covenant — Finland," (14 March 2013) UN Doc E/C.12/FIN/6.

7. ECOSOC, "Implementation of the International Covenant on Economic, Social and Cultural Rights: Fifth periodic reports submitted by States parties under articles 16 and 17 of the Covenant — Norway," (29 October 2012) UN Doc E/C.12/NOR/5.

8. ECOSOC, "Implementation of the International Covenant on

Economic, Social and Cultural Rights: Combined second and third periodic reports submitted by States parties under articles 16 and 17 of the International Covenant on Economic, Social and Cultural Rights — Cameroon," (19 July 2010) UN Doc E/C.12/CMR/2-3.

9. ECOSOC, "Implementation of the International Covenant on Economic, Social and Cultural Rights: Fourth periodic reports submitted by States parties under articles 16 and 17 of the Covenant — Portugal," (8 March 2013) UN Doc E/C.12/PRT/4.

10. ECOSOC, "Implementation of the International Covenant on Economic, Social and Cultural Rights: Combined initial, second and third periodic reports submitted by States parties under articles 16 and 17 of the Covenant — Ethiopia," (28 March 2011) UN Doc E/C.12/ETH/1-3.

11. ECOSOC, "Implementation of the International Covenant on Economic, Social and Cultural Rights: Combined second, third and fourth periodic reports submitted by States parties under articles 16 and 17 of International Covenant on Economic, Social and Cultural Rights — Egypt," (22 December 2011) UN Doc E/C.12/EGY/2-4.

12. ECOSOC, "Implementation of the International Covenant on Economic, Social and Cultural Rights: Fourth periodic report submitted by States parties under articles 16 and 17 of the Covenant — Iraq," (20 November 2013) UN Doc E/C.12/IRQ/4.

13. ECOSOC, "Implementation of the International Covenant on Economic, Social and Cultural Rights: Second periodic reports

submitted by States parties under articles 16 and 17 of the Covenant — China," (30 June 2010) UN Doc E/C.12/CHN/2.

14. ECOSOC, "Implementation of the International Covenant on Economic, Social and Cultural Rights: Second periodic report submitted by States parties under articles 16 and 17 of the Covenant — Macao, China," (30 June 2010) UN Doc E/C.12/CHN-MAC/2.

15. ECOSOC, "Implementation of the International Covenant on Economic, Social and Cultural Rights: Initial reports submitted by States parties under articles 16 and 17 of the Covenant (Addendum) — People's Republic of China," (4 March 2004) UN Doc E/1990/5/Add.59.

16. ECOSOC, "Implementation of the International Covenant on Economic, Social and Cultural Rights: Second periodic reports submitted by States parties under articles 16 and 17 of the Covenant (Addendum) — Portugal," (22 July 1994) UN Doc E/1990/6/Add.6.

17. ECOSOC, "Implementation of the International Covenant on Economic, Social and Cultural Rights: Second periodic reports submitted by States parties under articles 16 and 17 of the Covenant (Addendum) — France," (25 October 2000) UN Doc E/1990/6/Add.27.

18. ECOSOC, "Implementation of the International Covenant on Economic, Social and Cultural Rights: Fourth periodic reports submitted by States parties under articles 16 and 17 of the Covenant (Addendum) — Spain," (14 January 2003) UN Doc E/

C.12/4/Add.11.

19. ECOSOC, "Implementation of the International Covenant on Economic, Social and Cultural Rights: Fifth periodic reports submitted by States parties under articles 16 and 17 of the Covenant (Addendum) — Sweden," (6 September 2006) UN Doc E/C.12/SWE/5.

20. ECOSOC, "Implementation of the International Covenant on Economic, Social and Cultural Rights: Fifth periodic reports submitted by States parties in accordance with articles 16 and 17 of the Covenant — Russian Federation," (25 January 2010) UN Doc E/C.12/RUS/5.

21. ECOSOC, "Implementation of The International Covenant on Economic, Social and Cultural Rights: Second periodic reports submitted by States parties under Articles 16 and 17 of the Covenant — Brazil," (28 January 2008) UN Doc E/C.12/BRA/2.

22. ECOSOC, "Implementation of the International Covenant on Economic, Social and Cultural Rights: Fourth periodic reports submitted by States parties under articles 16 and 17 of the Covenant (Addendum) — Mexico," (25 February 2005) UN Doc E/C.12/4/Add.16.

23. ECOSOC, "Third periodic report submitted by China under articles 16 and 17 of the Covenant, due in 2019," (19 September 2019) UN Doc E/C.12/CHN/3.

24. ECOSOC, "UNESCO Activities Concerning Prevention of Discrimination and Protection of Minorities: report / submitted

by UNESCO," (24 July 1992) UN Doc E/CN.4/Sub.2/1992/6.

25. Human Rights Committee, "Concluding Observations on the Fourth Periodic Report of Israel," (21 November 2014) UN Doc CCPR/C/ISR/CO/4.

26. Human Rights Committee, "Consideration of Reports Submitted by States Parties under Article 40 of the Covenant: List of issues to be taken up in connection with the consideration of the second periodic report of Brazil," (CCPR/C/BRA/2004/2) (25 July 2005) UN Doc CCPR/C/85/L/BRA.

27. Human Rights Committee, "Consideration of Reports Submitted by States Parties under Article 40 of the Covenant: Comments of the Human Rights Committee — Azerbaijan," (3 August 1994) UN Doc CCPR/C/79/Add.8.

28. Human Rights Committee, "Consideration of Reports Submitted States Parties under Article 40 of the Covenant: Third periodic report — Portugal," (6 June 2002) UN Doc CCPR/C/PRT/2002/3.

29. Human Rights Committee, "Consideration of Reports Submitted by States Parties under Article 40 of the Covenant (Addendum) — Antilles," (16 January 2008) UN Doc CCPR/C/NET/4/Add.2.

30. Human Rights Committee, "Consideration of Reports Submitted by States Parties under Article 40 of the Covenant: Initial reports of States parties due in 1977 (Addendum) — United Kingdom of Great Britain and Northern Ireland," (21 August 1977) UN Doc CCPR/C/1/Add.17.

31. Human Rights Committee, "Consideration of Reports Submitted by States Parties under Article 40 of the Covenant (Addendum) — United Kingdom of Great Britain and Northern Ireland," (11 October 1999) UN Doc CCPR/C/UK/99/5.

32. Human Rights Committee, "Consideration of Reports Submitted by States Parties under Article 40 of the Covenant: Fourth periodic reports of States parties due in 1994 (Addendum) — United Kingdom of Great Britain and Northern Ireland," (19 December 1994) UN Doc CCPR/C/95/Add.3.

33. Human Rights Committee, "Consideration of Reports Submitted by States Parties under Article 40 of the Covenant: Fourth periodic reports of States parties due in 1992 (Addendum) — France," (15 May 1997) UN Doc CCPR/C/76/Add.7.

34. Human Rights Committee, "Consideration of Reports Submitted by States Parties under Article 40 of the Covenant: Fifth periodic report — France," (31 January 2013) UN Doc CCPR/C/FRA/5.

35. Human Rights Committee, "Consideration of Reports Submitted by States Parties under Article 40 of the Covenant: Third periodic reports of States parties due in 1994 (Addendum) — Belgium," (15 October 1997) UN Doc CCPR/C/94/Add.3.

36. Human Rights Committee, "Consideration of Reports Submitted by States Parties under Article 40 of the Covenant: Fourth periodic report — Belgium," (16 May 2003) UN Doc CCPR/C/BEL/2003/4.

37. Human Rights Committee, "Consideration of Reports

Submitted by States Parties under Article 40 of the Covenant: Fifth periodic report — Belgium," (17 July 2009) UN Doc CCPR/C/BEL/5.

38. Human Rights Committee, "Consideration of Reports Submitted by States Parties under Article 40 of the Covenant: Fourth periodic report — Argentina," (13 March 2008) UN Doc CCPR/C/ARG/4.

39. Human Rights Committee, "Consideration of Reports Submitted by States Parties under Article 40 of the Covenant: Initial reports of States parties due in 1993 (Addendum) — United States of America," (24 August 1994) UN Doc CCPR/C/81/Add.4.

40. Human Rights Committee, "Consideration of Reports Submitted by States Parties under Article 40 of the Covenant: Third periodic reports of States parties due in 2003 — United States of America," (28 November 2005) UN Doc CCPR/C/USA/3.

41. Human Rights Committee, "Consideration of Reports Submitted by States Parties under Article 40 of the Covenant: Fourth periodic report — United States of America," (22 May 2012) UN Doc CCPR/C/USA/4.

42. Human Rights Committee, "Consideration of Reports Submitted by the States Parties under Article 40 of the Covenant: Third periodic report due in 1991 — Japan," (30 March 1992) UN Doc CCPR/C/70/Add.1.

43. Human Rights Committee, "Consideration of Reports

Submitted by the States Parties under Article 40 of the Covenant: Fourth periodic report due in 1996 — Japan," (1 October 1997) UN Doc CCPR/C/115/Add.3.

44. Human Rights Committee, "Consideration of Reports Submitted by States Parties under Article 40 of the Covenant: Initial periodic report due in 1993 (Addendum) — Israel," (9 April 1998) UN Doc CCPR/C/81/Add.13.

45. Human Rights Committee, "Consideration of Reports Submitted by States Parties under Article 40 of the Covenant Pursuant to the Optional Reporting Procedure: Fourth periodic reports of States parties due in 2013 — Israel," (12 December 2013) UN Doc CCPR/C/ISR/4.

46. Human Rights Committee, "Consideration of Reports Submitted by States Parties under Article 40 of the Covenant: Sixth periodic reports of States parties — Finland," (12 September 2011) UN Doc CCPR/C/FIN/6.

47. Human Rights Committee, "Consideration of Reports Submitted by States Parties under the Covenant: Sixth periodic report — Norway," (11 November 2010) UN Doc CCPR/C/NOR/6.

48. Human Rights Committee, "Consideration of Reports Submitted by States Parties under Article 40 of the Covenant: Sixth periodic report — Sweden," (5 December 2007) UN Doc CCPR/C/SWE/6.

49. Human Rights Committee, "Consideration of Reports Submitted by States Parties under Article 40 of the Covenant:

Fifth periodic reports of States parties — New Zealand," (18 February 2008) UN Doc CCPR/C/NZ/5.

50. Human Rights Committee, "Consideration of Reports Submitted by States Parties under Article 40 of the Covenant: Sixth periodic reports of States parties due in October 2010 — Canada," (28 October 2013) UN Doc CCPR/C/CAN/6.

51. Human Rights Committee, "Consideration of Reports Submitted by States Parties under Article 40 of the Covenant: Initial reports of States parties due in 1977 (Addendum) — Federal Republic of Germany," (30 November 1977) UN Doc CCPR/C/1/Add.18.

52. Human Rights Committee, "Consideration of Reports Submitted by States Parties under Articles 40 of the Covenant: Initial report — Liechtenstein," (24 June 2003) UN Doc CCPR/C/LIE/2003/1.

53. Human Rights Committee, "Consideration of Reports Submitted by States Parties under Article 40 of the Covenant: Third periodic reports of States parties due in 1992 (Addendum) — India," (17 July 1996) UN Doc CCPR/C/76/Add.6.

54. Human Rights Committee, "Consideration of Reports Submitted by States Parties under Article 40 of the Covenant: Initial reports of States parties due in 1977 (Addendum) — Union of Soviet Socialist Republics," (31 January 1978) UN Doc CCPR/C/1/Add.22.

55. Human Rights Committee, "Consideration of Reports Submitted by States Parties under Article 40 of the Covenant:

Seventh periodic reports of States parties — Russian Federation," (29 January 2013) UN Doc CCPR/C/RUS/7.

56. Human Rights Committee, "Consideration of Reports Submitted by States Parties under Article 40 of the Covenant: Second periodic report — Brazil," (11 April 2005) UN Doc CCPR/C/BRA/2004/2.

57. Human Rights Committee, "Consideration of Reports Submitted by States Parties under Article 40 of the Covenant: Third periodic report of States parties — Plurinational State of Bolivia," (22 September 2011) UN Doc CCPR/C/BOL/3.

58. Human Rights Committee, "Consideration of Reports Submitted by States Parties under Article 40 of the Covenant: Fifth periodic report — Mexico," (24 September 2008) UN Doc CCPR/C/MEX/5.

59. Human Rights Committee, "Consideration of Reports Submitted by States Parties under Article 40 of the Covenant: Initial reports of States parties due in 2000 — South Africa," (16 February 2015) UN Doc CCPR/C/ZAF/1.

60. Human Rights Committee, "Consideration of Reports Submitted by States Parties under Article 40 of the Covenant: Fourth periodic reports of States parties — Cameroon," (11 May 2009) UN Doc CCPR/C/CMR/4.

61. Human Rights Committee, "Consideration of Reports Submitted by States Parties under Article 40 of the Covenant: First periodic report of States parties — Ethiopia," (22 October 2009) UN Doc CCPR/C/ETH/1.

62. Human Rights Committee, "Consideration of Reports Submitted by States Parties under Article 40 of the Covenant: Third periodic report — Syria," (19 October 2004) UN Doc CCPR/C/SYR/2004/3.

63. Human Rights Committee, "Consideration of Reports Submitted by States Parties under Article 40 of the Covenant: Fifth periodic reports of States parties due in 2000 — Iraq," (12 December 2013) UN Doc CCPR/C/IRQ/5.

64. Human Rights Committee, "Consideration of Reports Submitted by States Parties under Article 40 of the Covenant: Third periodic reports of States parties — Iran," (31 May 2010) UN Doc CCPR/C/IRN/3.

65. Human Rights Committee, "Consideration of Reports Submitted by States Parties under Article 40 of the Covenant: Fourth periodic report of States parties due in 1996 — Portugal (Macau)," (14 May 1999) UN Doc CCPR/C/POR/99/4.

66. Human Rights Committee, "Consideration of Reports Submitted by States Parties under Article 40 of the Covenant: Fourth Periodic Report of the United Kingdom of Great Britain and Northern Ireland — Supplementary Report on the Dependent Territories: Hong Kong," (7 August 1995) UN Doc CCPR/C/95/Add.5.

67. Human Rights Committee, "Consideration of Reports Submitted by States Parties under Article 40 of the Covenant: Initial reports of States parties — Macao, China," (12 May 2011) UN Doc CCPR/C/CHN-MAC/1.

68. Human Rights Committee, "Fourth periodic report submitted by Hong Kong, China under 40 of the Covenant, due in 2018," (19 September 2019) UN Doc CCPR/C/CHN-HKG/4.

69. ICISS ed., *The Responsibility to Protect: Report of the International Commission on Intervention and State Sovereignty,* (Ottawa: International Development Research Centre, December 2001).

70. ICISS ed., *The Responsibility to Protect: Research, Bibliography, Background — Supplementary Volume to the Report of the International Commission on Intervention and State Sovereignty* , (Ottawa: International Development Research Centre, December 2001).

71. Institute for Security Studies, "International Law and the Self-Determination of South Sudan," (February 2012), *ISS Paper* 231, accessed Dec.10, 2017, https://www.files.ethz.ch/isn/141398/Paper231.pdf, last visited 10 December 2017.

72. OHCHR ed., *Pamphlet No. 6: Minority Rights under the African Charter on Human and Peoples' Rights,* (New York).

73. OSCE, *Conference on Security and Co-operation in Europe Final Act* (CSCE Helsinki 1975).

74. Research Institute on Self-Determination of Peoples and National Independence, "Report of the International Group of Expert — The Catalan Independence Referendum: An Assessment of the Process of Self-Determination," (September 2017) accessed Dec. 20, 2017. https://irai.quebec/wp-content/uploads/2017/09/IRAI_Rapports-experts-Catalogne_EN_final.pdf.

75. UNCHR Sub-Commission on Prevention of Discrimination and Protection of Minorities, “The Realization of Economic, Social and Cultural Rights: The Human Rights Dimensions of Population Transfer, Including the Implantation of Settlers,” (2-27 August 1993) UN Doc E/CN.4/Sub.2/1993/17.

76. UNESCO, “International Meeting of Experts on Further Study of the Concept of the Rights of Peoples: Final Report and Recommendations,” (22 February 1990) UN Doc SHS-89/CONF.602/7.

77. UNGA, “Declaration on Principles of International Law concerning Friendly Relations and Co-operation among States in accordance with the Charter of the United Nations,” (24 October 1970) UN Doc A/RES/25/2625.

78. UNGA, “Declaration on the Enhancement of the Effectiveness of the Principle of Refraining from the Threat or Use of Force in International Relations,” (18 November 1987) UN Doc A/RES/42/22.

79. UNGA, “Declaration on the Granting of Independence to Colonial Countries and Peoples,” (14 December 1960) UN Doc A/RES/1514 (XV).

80. UNGA, “Declaration on the Inadmissibility of Intervention and Interference in the Internal Affairs of States,” (9 December 1981) UN Doc A/RES/36/103.

81. UNGA, “Declaration on the Right to Development,” (4 December 1986) UN Doc A/RES/41/128.

82. UNGA, "Interim Report of the Independent Expert on the Promotion of a Democratic and Equitable International Order," (7 August 2014) UN Doc A/69/272.

83. UNGA, "Report of the International Law Commission: Seventy-first session," (29 April–7 June and 8 July–9 August 2019) UN Doc A/74/10.

84. UNGA, "Report of the Special Committee on the Situation with regard to the Implementation of the Declaration on the Granting of Independence to Colonial Countries and Peoples," (25 October 1963) UN Doc A/5446/Rev.1.

85. UNGA, "United Nations Declaration on the Rights of Indigenous Peoples," (13 September 2007) UN Doc A/RES/61/295.

86. UNGA, "Vienna Declaration and Programme of Action," (12 July, 1993) UN Doc A/CONF.157/23.

87. United Nations, "An Agenda for Peace: Preventive diplomacy, peacemaking and peace-keeping — Report of the Secretary-General pursuant to the statement adopted by the Summit Meeting of the Security Council on 31 January 1992," (17 June 1992) UN Doc A/47/277.

88. United Nations, "Core Document Forming Part of the Reports of States Parties — Australia," (22 July 2008) UN Doc HRI/CORE/AUS/2007.

89. United Nations, "Core Documents Forming Part of the Reports of States Parties — Belgium," (6 April 1995) UN Doc

HRI/CORE/1/Add.1/Rev.1.

90. United Nations, "General Assembly Sixty-sixth session: 2nd plenary meeting — Official Records," (16 September 2011) UN Doc A/66/PV.2.

91. United Nations, "Human Rights Instruments: Volume I — Compilation of General Comments and General Recommendations Adopted by Human Rights Treaty Bodies," (27 May 2008) UN Doc HRI/GEN/1/Rev.9 (Vol. Ⅰ).

92. UN ILC ed., *Draft Articles on Responsibility of States with Commentaries thereto: Adopted by the International Law Commission on First Reading* (1997).

93. UN ILC ed., *Draft Articles on Responsibility of States for Internationally Wrongful Acts, with Commentaries* (2001).

94. UNPFII, "Factsheet: Who Are Indigenous Peoples?" (2006) UNPFII 5th Session.

（三）案例（International and Domestic Cases）

1. *Accordance with International Law of the Unilateral Declaration of Independence in respect of Kosovo (Advisory Opinion)*, ICGJ 423 (ICJ 2010).

2. *Apirana Mahuika et al. v. New Zealand (Conclusion)*, Comm. No. 547/1993, U.N. Doc. CCPR/C/70/D/547/1993 (CCPR 2000).

3. *Centre for Minority Rights Development (Kenya) and Minority Rights Group (on behalf of Endorois Welfare Council) v. Kenya (Conclusion)*, Comm. No. 276/03 (ACHPR 2009).

4. *Chagos Marine Protected Area Arbitration (Mauritius v. United Kingdom) (Final Award)*, ICGJ 486 (PCA 2015).

5. *Decision on the "Prosecution Request Pursuant to Article 19(3) for a Ruling on the Court's Territorial Jurisdiction in Palestine"Decision of the Pre-Trial Chamber I)*, ICC-01/18-143 (ICC 2021).

6. *Dispute Concerning Delimitation of the Maritime Boundary between Mauritius and Maldives in the Indian Ocean (Mauritius v. Maldives) (Judgment, Preliminary Objections)*, Case No. 28 (ITLOS, 2021).

7. *E. P. et al. v. Colombia (Conclusion)*, Comm. No. 318/1988, U.N. Doc. CCPR/C/39/D/318/1988 (CCPR, 1990).

8. *East Timor (Portugal v. Australia) (Judgment)*, ICGJ 86 (ICJ 1995).

9. *Front populaire pour la libération de la Saguia el-Hamra et du Rio de oro (Front Polisario) v. Council of the European Union [Judgment of the General Court (Ninth Chamber, Extended Composition)]*, Case T-279/19 (CJEU 2021).

10. *Frontier Dispute (Burkina Faso v. Mali) (Judgment, Merits)*, ICGJ 116 (ICJ 1987).

11. *J.G.A. Diergaardt (late Captain of the Rehoboth Baster Community) et al. v. Namibia (Conclusion)*, Comm. No. 760/1997, U.N. Doc. CCPR/C/69/D/760/1997 (CCPR 1997).

12. *Katangese Peoples' Congress v. Zaire (Conclusion)*, Comm. No. 75/92 (ACHPR 1995).

13. *Legal Consequences of the Construction of a Wall in the Occupied Palestinian Territory (Advisory Opinion)*, ICGJ 203 (ICJ 2004).

14. *Legal Consequences of the Separation of the Chagos Archipelago from Mauritius in 1965 (Advisory Opinion)*, ICGJ 534 (ICJ 2019).

15. *Lubicon Lake Band v. Canada (Conclusion)*, Comm. No. 167/1984, U.N. Doc. Supp. No. 40 (A/45/40) (CCPR 1990).

16. *Ms. Marie-Hélène Gillot et al v. France (Conclusion)*, Comm. No 932/2000, U.N. Doc. A/57/40 (CCPR 1990).

17. *Reference re Secession of Quebec (Advisory Opinion)*, 2 S.C.R (SCC 1998).

18. *Report on the Situation of Human Rights of a Segment of the Nicaraguan Population of Miskito Origin (Conclusion)*, OEA/ Ser.L./V.II.62 (IACHR 1983).

19. *R. L. et al. v. Canada (Conclusion)*, Comm. No. 358/1989, U.N. Doc. CCPR/C/43/D/358/1989 (CCPR 1991).

20. *Saramaka People v. Suriname (Judgment)*, Inter-Am. Ct. H.R. (ser. C) No. 172 (IACtHR 2007).

21. *The Mikmaq Tribal Society (A. D.) v. Canada (Conclusion)*, Comm. No. 78/1980, U.N. Doc. Supp. No. 40 (A/39/40) (CCPR 1984).

22. *The Social and Economic Rights Action Center and the Center for Economic and Social Rights v. Nigeria (Conclusion)*, Comm. No. 155/96 (ACHPR 2001).

23. *Western Sahara (Advisory Opinion)*, ICGJ 214 (ICJ 1975).

二、学者著述类

（一）中文

1. 白桂梅：《国际法》，北京大学出版社，2015。

2. 白桂梅：《国际法上的自决》，中国华侨出版社，1999。

3. 陈一峰：《论当代国际法上的不干涉原则》，北京大学出版社，2013。

4. 大卫·赫尔德：《民主的模式》，燕继荣等译，中央编译出版社，2008。

5. 董云虎、刘武萍编《世界人权约法总览》，四川人民出版社，1990。

6. 关凯：《内与外：民族区域自治实践的中国语境》，《清华大学学报》（哲学社科版）2015 年第 1 期。

7. 江平、黄铸主编《中国民族问题的理论与实践》，中共中央党校出版社，1994。

8.《列宁全集》第 20 卷，人民出版社，1958。

9. 曼弗雷德·诺瓦克：《国际人权制度导论》，柳华文译，北京大学出版社，2010。

10. 宁骚：《民族与国家：民族关系与民族政策的国际比较研究》，北京大学出版社，1995。

11. 饶戈平、李赞:《国际条约在香港的适用问题研究》,中国民主法制出版社,2010。

12. 饶戈平:《国际条约在澳门的适用问题研究》,澳门理工学院“一国两制”研究中心,2011。

13. 王佳:《国际法院查戈斯群岛咨询意见案述评》,《大连海事大学学报(社会科学版)》2019 年第 4 期。

14. 王建学:《作为基本权利的地方自治》,厦门大学出版社,2010。

15. 王文熹:《国际人权法视野下的发展权》,《法制与社会》2014 年第 27 期。

16. 王英津:《有关“分离权”问题的法理分析》,《世界经济与政治》2011 年第 12 期。

17. 王英津:《自决权理论与公民投票》,九州出版社,2007。

18. 耶尔·塔米尔:《自由主义的民族主义》,陶东风译,上海世纪出版集团,2005。

19. 詹宁斯、瓦茨修订:《奥本海国际法》(第一卷第一分册),王铁崖等译,中国大百科全书出版社,1995。

20. 张乃根:《西方法哲学史纲》,中国政法大学出版社,1993。

21. 中华人民共和国外交部条约法律司编著《中国国际法实践案例选编》,世界知识出版社,2018。

22. 周勇:《少数人权利的法理》,社会科学文献出版社,

2002。

23. 周勇：《土著人民行使内部自决权的个案研究——挪威萨米议会制度的建立与发展》，《民族法学评论》2009年第6期。

24. 朱利江：《"毛里求斯与马尔代夫海洋划界案"初步反对意见判决的问题、技巧与影响》，《国际法研究》2021年第5期。

25. 朱利江：《在能动与克制之间——"查戈斯群岛案"中的国际司法政策探析》，《当代法学》2020年第2期。

（二）英文

1. Alan Boyle, "Soft Law in International Law-making," in *International Law (Third Edition)*, ed. Malcolm D. Evans , (Oxford University Press, 2010).

2. Allan Rosas, "Internal Self-Determination," in *Modern Law of Self-Determination*, ed. Christian Tomuschat (Martinus Nijhoff, 1993).

3. Alex Conte & Scott Davidson & Richard Burchill, *Defining Civil and Political Rights: The Jurisprudence of the United Nations Human Rights Committee* (Ashgate, 2004).

4. Alexandra Xanthaki, *Indigenous Rights and United Nations Standards: Self-Determination, Culture and Land* (Cambridge University Press, 2007).

5.Anthea Elizabeth Roberts, "Traditional and Modern Approaches to Customary International Law: A Reconciliation,"*American*

Journal of International Law 95 (2001) 757.

6. Anne Orford, "Moral Internationalism and the Responsibility to Protect," *European Journal of International Law* 24:1 (2013) 83.

7. Anne Peters, "The Security Council's Responsibility to Protect," *International Organizations Law Review* 8 (2011) 15.

8. Anne Peters, "Crimea: Does 'The West' Now Pay the Price for Kosovo?" (Blog of the European Journal of International Law, 22 April 2014), accessed Jan. 20, 2018, https://www.ejiltalk.org/crimea-does-the-west-now-pay-the-price-for-kosovo/.

9. Antoine Roger Lokongo, "French Complicity in the Crisis in Central African Republic," Black Agenda Report, 22 January 2014, http://blackagendareport.com/content/french-complicity-crisis-central-african-republic.

10. Antonio Cassese, *Self-Determination of Peoples: A Legal Reappraisal* (Cambridge University Press, 1995).

11. Anthony Whelan, "Wilsonian Self-Determination and the Versailles Settlement," *International and Comparative Law Quarterly* 43 (1994) 99.

12. Ben Saul & David Kinley & Jacqueline Mowbray, *The International Covenant on Economic, Social and Cultural Rights: Commentary, Cases and Materials* (Oxford University Press, 2014).

13. Carole Joan Petersen, "Autonomy as a Form of Internal Self-Determination: Why the United Nations General Assembly Should Be Monitoring 'One Country, Two Systems' in Hong

Kong," (Asian Constitutional Law: Recent Developments and Trends, Hanoi, 6-7 December 2019).

14. Charles G. Fenwick (trans.), *The Law of Nations or the Principles of Natural Law Applied to the Conduct and to the Affairs of Nations and of Sovereigns (Emer de Vattel 1758)*, (Carnegie Institution of Washington, 1916).

15. Charles Whites, "Reference Re Secession of Quebec: Secession by Quebec Is a Nearly Impossible Task," *New York Law School Journal of International and Comparative Law* 19 (1999) 323.

16. Christian Courtis, *Commentary on the Optional Protocol to the International Covenant on Economic, Social and Cultural Rights* (Inter-American Institute of Human Rights/International Commission of Jurists, 2009).

17. Christine Griffioen, *Self-Determination as a Human Right: The Emergency Exit of Remedial Secession* (Science Shop of Law, Economics and Governance, 2010).

18. Dean B. Suagee, "Self-Determination for Indigenous Peoples at the Dawn of the Solar Age," *University of Michigan Journal of Law Reform* 25 (1992) 671.

19. Dorothée Cambou & Stefaan Smis, "Permanent Sovereignty Over Natural Resources: Natural Resources Exploitation and Indigenous People's Rights in the Arctic," *Michigan State International Law Review* 22:1 (2013) 347.

20. Edward A. Laing, "The Norm of Self-Determination: 1949-

1991," *California Western International Law Journal* 22 (1992) 209.

21. Elsa Stamatopoulou, "Indigenous Peoples and the United Nations: Human Rights as a Developing Dynamic," *Human Rights Quarterly* 16 (1994) 58.

22. Eric Kolodner, "The Future of the Right to Self-Determination," *Connecticut Journal of International Law* 10 (1994) 153.

23. Frank Przetacznik, "The Basic Collective Human Right to Self-Determination of Peoples and Nations as a Prerequisite for Peace," *New York Law School Journal of Human Rights* 8 (1990) 49.

24. Gaetano Pentassuglia, "Scotland Decides — An International Law Perspective," (November 3 2014), *ESIL Reflections* 39, accessed May 19, 2021, https://1library.net/document/ozl7n02y-scotland-decides-an-international-law-perspective.html.

25. Gebre H. Tesfagiorgis, "Self-Determination: Its Evolution and Practice by the United Nations and Its Application to the Case of Eritrea," *Wisconsin International Law Journal* 6 (1987) 75.

26. Global Studies Institute of University of Geneva, "Catalonia's Legitimate Right to Decide: Paths to Self-Determination — Executive Summary (2017)," accessed Dec. 10, 2017, https://www.unige.ch/gsi/files/9115/0461/7417/EXECUTIVE_SUMMARY_Catalogne.pdf.

27. Gregory H. Fox, "Book Review: Self-Determination in the

Post-Cold War Era: A New Internal Focus?" *Michigan Journal of International Law* 16 (1995).

28. Harold S. Johnson, *Self-Determination within the Community of Nations* (Sijthoff, 1967).

29. Helen Quane, "The UN Declaration on the Rights of Indigenous Peoples: New Directions for Self-Determination and Participatory Rights?" in *Reflections on the UN Declaration on the Rights of Indigenous Peoples*, eds. Steve Allen & Alexandra Xanthaki (Hart Publishing, 2011).

30. Hurst Hannum, "Rethinking Self-Determination," *Virginia Journal of International Law* 34 (1993) 1.

31. Hurst Hannum, *Autonomy, Sovereignty, and Self-Determination: The Accommodation of Conflicting Rights* (University of Pennsylvania Press, 1996).

32. Hurst Hannum, "Self-Determination in the Post-Colonial Era," in *Self-Determination: International Perspectives,* ed. Donald Clark & Robert Williamson (Palgrave Macmillan, 1996).

33. Ian Brownlie, "The Rights of Peoples in Modern International Law," in *The Rights of Peoples,* ed. James Crawford (Clarendon Press, 1988).

34. Ian Brownlie, *Principles of Public International Law, 4th edition* (Clarendon Press, 1990).

35. Immanuel Kant, "Toward Perpetual Peace," in *The Liberal Tradition in European Thought*, ed. David Sidorsky (Putnam, 1970).

36. Irene Biglino & Christophe Golay, *Academy In-Brief No.2: The Optional Protocol to the International Covenant on Economic, Social and Cultural Rights* (Geneva Academy of International Humanitarian Law and Human Rights, 2013).

37. James Crawford, "The Rights of Peoples: 'Peoples' or 'Governments'?" in *The Rights of Peoples*, ed. James Crawford (Clarendon Press, 1988).

38. Jan Klabbers, "The Right to be Taken Seriously: Self-Determination in International Law," *Human Rights* 28(1) *Quarterly* (2006) 186.

39. Jean Salmon, "Internal Aspects of the Right to Self-Determination: Towards a Democratic Legitimacy Principle," in *Modern Law of Self-Determination,* ed. Christian Tomuschat, (Martinus Nijhoff, 1993).

40. Jeff J. Corntassel & Tomas Hopkins Primeau, "Indigenous 'Sovereignty' and International Law: Revised Strategies for Pursuing 'Self-Determination'," *Human Rights Quarterly* 17 (1995) 343.

41. Jing Lu, *On State Secession from International Law Perspectives* (Springer, 2018).

42. John H. Bodley, *Victims of Progress* (Altamira Press, 2008).

43. John Trygve Solbakk & Britt Hansen Biti, *The Sámi People: A Handbook* (Davvi Girji, 2006).

44. Joshua Castellino, *International Law and Self-Determination* (Martinus Nijhoff, 2000).

45. Malgosia Fitzmaurice, "The UN Declaration on the Rights of Indigenous Peoples: Recent Developments Regarding the Saami People of the North," in *Reflections on the UN Declaration on the Rights of Indigenous Peoples,* ed. Steve Allen & Alexandra Xanthaki (Hart Publishing, 2011).

46. Manfred Nowak, *UN Covenant on Civil and Political Rights: CCPR Commentary (2nd Revised Edition)* (N.P. Engel, 2005).

47. Margaret Moore, "Internal Minorities and Indigenous Self-Determination," in *Minorities within Minorities,* ed. Avigail Eisenburg (Cambridge University Press, 2005).

48. Marc Weller, *Escaping the Self-Determination Trap* (Martinus Nijhoff, 2008).

49. Marc Weller, "Secession and Self-Determination in Western Europe: The Case of Catalonia," Blog of the European Journal of International Law, 18 October 2017, accessed Dec. 10, 2017, https://www.ejiltalk.org/secession-and-self-determination-in-western-europe-the-case-of-catalonia/.

50. Martin Griffiths, "Self-Determination, International Society and World Order," *Macquarie Law Journal* 3 (2003) 29.

51. Matthew Saul, "The Normative Status of Self-Determination in International Law: A Formula for Uncertainty in the Scope and Content of the Right?" *Human Rights Law Review* 11(4) (2011) 609.

52. Michael Keating, "Rethinking Sovereignty: Independence-Lite, Devolution-Max and National Accommodation," *Revista*

d'Estudis Autonòmics i Federals 16 (2012) 9.

53. Michael Walzer, *Just and Unjust War: A Moral Argument with Historical Illustrations, 4th Edition* (Basic Books, 2006).

54. Michla Pomerance, *Self-Determination in Law and Practice: The New Doctrine in the United Nations* (Springer, 1982).

55. Morton H. Halperin & David J. Scheffer & Patricia L. Small, *Self-Determination in the New World Order* (Carnegie Endowment for International Peace, 1992).

56. Nathalie Duclos, "The Strange Case of the Scottish Independence Referendum: Some Elements of Comparison between the Scottish and Catalan Cases," (30 September 2016), *Revue Française de Civilisation Britannique* [Online], XX-2/2015, accessed May 19, 2021, https://journals.openedition.org/rfcb/384.

57. Oscar Schachter, *International Law in Theory and Practice* (Nijhoff, 1991).

58. Patrick Thornberry, *International Law and the Rights of Minorities* (Clarendon Press, 1991).

59. Patrick Thornberry, "The Democratic or Internal Aspect of Self-Determination with Some Remarks on Federalism," in *Modern Law of Self-Determination,* ed. Christian Tomuschat (Martinus Nijhoff, 1993).

60. Phillip Allott, "Self-Determination — Absolute Right or Social Poetry?" in *Modern Law of Self-Determination*, ed. Christian Tomuschat (Martinus Nijhoff, 1993).

61. Rob Dickinson, "Responsibility to Protect: Arab Spring Perspectives," *Buffalo Human Rights Law Review* 20 (2014) 91.

62. Robert McCorquodale, "Negotiating Sovereignty: The Practice of the United Kingdom in Regard to the Right of Self-Determination," *British Yearbook of International Law* 66(1) (1996) 283.

63. Rochus Pronk, "Toward an Optional Protocol to the International Covenant on Economic, Social and Cultural Rights," *Human Rights Brief* 2(3) (1995) 6.

64. Rodney Pails, "Self-Determination, the Use of Force and International Law: An Analytical Framework," *University of Tasmania Law Review* 20(1) (2001) 70.

65. Rosalyn Higgins, *The Development of International Law Through the Political Organs of the United Nations* (Oxford University Press, 1963).

66. Rosalyn Higgins, *Problems & Process — International Law and How We Use It* (Clarendon Press, 1994).

67. Russel Lawrence Barsh, "Indigenous Peoples: An Emerging Object of International Law? " *American Journal of International Law* 80 (1986) 369.

68. Russel Lawrence Barsh, "The Challenge of Indigenous Self-Determination," *University of Michigan Journal of Law Reform* 26 (1993) 277.

69. S. James Anaya, "A Contemporary Definition of the International Norm of Self-Determination," *Transnational Law*

and Contemporary Problems 3 (1993) 131.

70. S. James Anaya, "International Human Rights and Indigenous Peoples: The Move towards the Multicultural State," *Arizona Journal of International and Comparative Law* 21(1) (2004) 13.

71. S. Prakash Sinha, "Has Self-Determination Become a Principle of International Law Today?" *Indian Journal of International Law* 14 (1974) 332.

72. Thomas Ehrlich & Marry Ellen O'Connell, *International Law and the Use of Force* (Little, Brown and Co., 1993).

73. Thomas M. Franck, "The Emerging Right to Democratic Governance," *American Journal of International Law* 86 (1992) 46.

74. Timo Koivurova, "The Draft Saami Convention: Nations Working Together," *International Community Law Review* 10(3) (2008) 279.

75. Ulrike Barten, *Minorities, Minority Rights and Internal Self-Determination* (Springer, 2015).

76. Umozurike Oji Umozurike, *Self-Determination in International Law* (Archon Books, 1972).

77. W. Michael Reisman, "Coercion and Self-Determination: Construing Article 2(4)," *American Journal of International Law* 78 (1984) 642.

78. Will Kymlica, "Beyond the Indigenous/Minority Dichotomy," in *Reflections on the UN Declaration on the Rights of*

Indigenous Peoples, ed. Steve Allen & Alexandra Xanthaki (Hart Publishing, 2011).

79. William A. Schabas (ed.), *The Universal Declaration of Human Rights: The* travaux préparatoires (Cambridge, 2013).

80. Yves Beigbeder, *International Monitoring of Plebiscites, Referenda and National Elections: Self-Determination and Transition to Democracy* (Martinus Nijhoff, 1994).

后　记

我对本书研究对象的兴趣始于2008年秋天，彼时正是我以一个英语专业本科生的身份辅修法学第二学位的第三个学期。一个很偶然的机会，我在学校图书馆里读到了一本蓝皮的小专著。很快，我就被作者在书中讲述的历史及表达的学术观点深深地吸引。可以说正是在这本书的指引下，我开始沉浸在国际法的海洋里。这本专著题为《国际法上的自决》，作者正是我日后在北京大学的恩师白桂梅老师。此后，不论是在布里斯托尔的埃文河畔，还是在燕园的未名湖边，我都将自决权的学习与研究列为我的第一兴趣。或许是我的这份"专一"感动了上天，在我2014年如愿以偿地踏入燕园的时候，我也梦幻般地得到了我神交六年之久的那位如慈母般的师长的教导。这份难得的机缘，让我毫不犹豫地决定将国际法上自决权的新发展作为博士论文的研究主题。本书正是在我博士论文的基础上修改完成的。

这部作品的完成，得益于许多人的厚爱和帮助，绝非我一人之功。首先要特别感谢的当然是我的博士生导师白桂梅教授。白老师的国际公法和人权法理论功底深厚，学术视野开阔，不愧为国内研究自决问题的第一人。除了白老师以外，北京大学国际法研究所的其他老师也给予我极为重要的支持。李鸣教授在开题报告答辩会上，及时指出了我的论文提纲结构略显松散、主题不够突出的问题。倘若没有李鸣老师富有建设性的意见，我的论文写作可能会多走不少弯路。时任全国人大常委会香港基本法委员会委员的饶戈平教授，专门抽出时间耐心帮助我解答了诸多和港澳特区国际人权条约适用问题有关的困惑，令我有茅塞顿开之感。在开题报告会、论文预答辩和最终答辩会上，宋英教授、陈一峰教授、易平教授、邵沙平教授和梁淑英教授都提出了很多深刻而富有启发性的批评意见。2018年入职北京外国语大学法学院之后，米良教授、万猛教授、王文华教授、闫冬教授、傅宏宇教授、姚琦教授、姚金菊教授、姚艳霞教授、董念清教授、张晓阳教授、刘辛老师和黄琳老师等前辈在日常教研和行政工作中给予我海量的支持，就本书的完善、修改和出版也提供了宝贵的意见。师长们的谆谆教导和同事们的热情关怀，令我感激不尽。

我要感谢的还有在我的写作过程中给予了无私支持、帮助和鼓励的其他国内外师长。2014年我刚刚开始博士学业之际，恰逢薛捍勤法官来到北大访问讲学。关于国际法院在自决权问题上的立场和实践，薛法官给予了若干意见，帮助解答了不少长期困扰我的问题。2016年夏，英国剑桥大学劳特派特国际法中心主任马克·韦勒（Marc Weller）教授访问北大期间，专门就我论文中的部分问题回答了我的提问，并对大纲提出了若干修改意见。另一位对我的论文写作给予了重要支持的外国学者是德国马克斯·普朗克比较公法与国际法研究所（简称“马普所”）主任裴德安（Anne Peters）教授。2014 年秋她访问北大期间，得知我有意进行自决方面的研究，慷慨地将她当时尚未公开发表的两篇论文用电子邮件发给我借阅参考。2016 年我在马普所访学期间，她又特意挤出时间帮助我将她认为可能对我的论文写作十分重要的案例进行了整理，并在研究方法上给予我很多教益。此外，联合国国际法委员会前委员、特别报告员帕维尔·斯图尔马（Pavel Šturma）教授，法国艾克斯-马赛大学吉勒斯·坎帕尼奥洛（Gilles Campagnolo）教授，瑞典斯德哥尔摩大学帕尔·兰奇（Pål Wrange）教授，北京理工大学安东尼·卡蒂（Anthony Carty）教授，美国乔治城大学大卫·斯图尔特（David Stewart）教授，以及我留英时的两位恩师阿喀琉斯·斯科达斯(Achilles Skordas)教授和罗杰·霍金斯（Roger Hawkins）教授，在我的研究和写作过程当中都提供了各种力所能及的支持，使我感激不尽。

众人拾柴火焰高，本书的完成离不开集思广益的力量。我想致以深深谢意的还有海内外的学术同仁，包括当我在国外搜集资料之时特意挤出宝贵的时间精力襄助我的友人杨国栋博士，师兄李永胜，师弟张康乐、杨肯，师妹沈洁、马学婵和张月尧，在博士论文和本书的准备、写作和定稿各个阶段和我分享宝贵经验和意见的同窗季华、汤岩、叶研，师兄朱利江、柳华文、刘博文、刘仑和夏丁敏，师姐陈志平、范宇文、魏妩媚和康玉梅，师弟陈晓航、何驰、刘泽、段文、晁译和于浩，师妹王倩慧、张茂莉和徐晋阳，以及慷慨分享己见的尼古拉·哈丁（Nikola Hajdin）博士、目黑舞子（Maiko Meguro）博士、加布里埃拉·阿圭罗（Gabriela Argüello）博士等国际友人。我的学生梁雅莉、阿力扎提·阿不来提等也为本书的成书作出了贡献，在此一并致谢。

我也想对多年以来与我结下牢固而深厚友谊的人生挚友们表示感激，特别是郁玮、黄旸木、刘冬妮、章名未、赵南、李哲敏、李冬鹏、孙晶晶、陶亮、邵洋洋和徐聪。他们一以贯之的支持和关心，有如冰心先生笔下的那盏小橘灯，总会适时地驱散我偶尔的不自信、迷茫与孤独。

本书付梓之际，我要特别感恩我的父母双亲，感恩他们十年如一日对我无怨无悔的付出，感恩他们在我漫漫求学道路上始终如一的理解与支持。我亦要特别感谢我的爱妻张颖，感谢她坚定不渝地理解和支持我的学术梦想和事业。我取得的任何点滴进步，都与我的亲人们伟大而无私的爱密不可分。

最后，谨向所有为本书的出版付出辛勤劳动的人们表示深切的谢意。

本书中难免存在疏漏之处，望各位专家及读者不吝赐教。

2023 年 3 月 24 日

于北京外国语大学逸夫楼